大学生职业生涯规划与就业指导

相 菲 刘朝辉 吴 限 ◎主编

线装书局

图书在版编目（CIP）数据

大学生职业生涯规划与就业指导 / 相菲，刘朝辉，吴限主编. -- 北京：线装书局，2023.7
ISBN 978-7-5120-5538-4

Ⅰ. ①大… Ⅱ. ①相… ②刘… ③吴… Ⅲ. ①大学生—职业选择 Ⅳ. ①G647.38

中国国家版本馆CIP数据核字(2023)第127245号

大学生职业生涯规划与就业指导
DAXUESHENG ZHIYE SHENGYA GUIHUA YU JIUYE ZHIDAO

作　　者：	相　菲　刘朝辉　吴　限
责任编辑：	白　晨
出版发行：	线 装 书 局
地　　址：	北京市丰台区方庄日月天地大厦B座17层（100078）
电　　话：	010-58077126（发行部）010-58076938（总编室）
网　　址：	www.zgxzsj.com
经　　销：	新华书店
印　　制：	三河市腾飞印务有限公司
开　　本：	787mm×1092mm　　1/16
印　　张：	9
字　　数：	215千字
印　　次：	2024年7月第1版第1次印刷
定　　价：	68.00元

线装书局官方微信

前　言

当今社会，人们的受教育程度越来越高，就业压力也相应越来越大。现代教育学研究表明，一个人从中学到大学是一个新的起点，不仅标志着因年龄的增长而变得更加成熟，而且标志着所拥有的知识将要发生量与质的飞跃。这是一个非常重要的阶段，是一个有志青年的黄金时期，从某种意义上说，大学生活将奠定一个人一生事业的基础。在学历相同的情况下，毕业后如何才能从众人之中脱颖而出，找到自己喜欢而且又待遇优厚的工作成为了当代毕业生最关注的问题。"人无远虑，必有近忧。"如何使我们的人生显得更有价值，体现生命的意义？一份职业生涯规划书是我们不可或缺的基础石料。

职业是我们每个人安身立命、施展抱负之基，成就自我之途。我们常常提到的职业成功与失败，不过是所设定职业目标的实现与否，目标是决定成败的关键。职业生涯规划就是针对个人职业选择的主观和客观因素进行分析和测定，为自己的职业设定一系列合理、具体的目标，并通过努力实施和合理调整规划来实现这些目标，是获得职业成功的关键。

高校毕业生是当今社会的重要人才资源，在人才市场上已经成为主力军。随着外界环境的不断变化，以及大学生就业的竞争性不断增大，对职业生涯规划教育也提出了更高的要求，对大学生群体而言，职业生涯规划的好坏必将影响整个生命历程。面对严峻的就业形势和为自己职业发展着想，大学生们有必要按照职业生涯规划理论加强对自身的认识和了解，找出自己感兴趣的领域及优势，明确自我人生目标，以便更好地进行自我定位和职前准备，让个人的特长和优势在职场中得到发挥。

本书结合当代大学生的特点及面临的困惑，系统介绍了职业生涯发展及就业的相关知识，并有针对性地提出了职业规划、求职就业的具体解决方案及行动建议。本书共分两篇，即"职业生涯规划篇"和"就业指导篇"。职业生涯规划篇为前面三章。第一章为职业生涯的规划，本章主要包括职业生涯规划的含义、类型、基本原则、基本理论和影响因素，以及各种职业测评方法；第二章为职业素质的培养，本章详细介绍了团队精神、创新精神、共同能力、学习能力和时间管理的基础知识，培养团队精神的途径和方法，创新能力、沟通能力、学习能力和时间管理能力的方法；第三章为职业规划的实施，本章介绍了职业生涯规划的步骤、职业生涯规划的误区、职业生涯规划的调整、职业生涯规划的范例，重点讲述了职业生涯规划书的制定方法。就业指导篇为后面五章。第四章为就业观念的树立，本章主要包括当前的大学生就业形势、我国大学生的就业政策和相关规定，提醒大学生根据就业形势和就业政策灵活就业，树立正确的就业观念，避免就业误区；第五章为做好求职准备，本章主要包括求职所需准备的材料、求职前应做的心理准备、就业信息的搜集、处理和科学利用，重点介绍求职信的和简历的写法，掌握就业信息的搜集、处理和科学利用；第六章为求职技巧的掌握与运用，本章介绍了面试技巧、笔试技巧、求职陷阱的预防与应对措施，大学生能够熟练御用笔试与面试的各种方法与技巧，能机智地预防和应对各种求职陷阱；第七章为就业权益的维护，本章主要包括就业协议书、劳动合同、离校、报到与人事代理的基本知识和注意事项，毕业生就业的基本权益及权益的维护的途径；第八章为就业机遇的把握，本章主要包括报考公务员的指导、考研指导、出国留学指导及大学生应征入伍指导，大学生能够结合自身实际情况，选择合适的就业方向和岗位。

本书在撰写过程中，参考、借鉴了大量具有多年大学生就业指导工作经验的一线优秀教师编写的著作，在此表示感谢。本书内容丰富，结构清晰，概念明确，并配有大量阅读材料，对于大学生就业指导具有一定的帮助作用。由于作者精力有限，加之行文仓促，书中难免存在疏漏与不足之处，望各位专家学者与广大读者批评指正，以使本书更加完善。

编委会

朱芳雨　张晓洁　官文越
刘振红　唐夏薇　郑　重
周丽娜　李甜甜　贾媛媛
张国友　邢亭亭　高　杨

目 录

第一章 规划职业生涯 设计精彩人生 ……………………………… (1)
    第一节 职业生涯规划概述 ……………………………………… (1)
    第二节 职业生涯规划的基本理论 ……………………………… (5)
    第三节 职业生涯规划的影响因素 ……………………………… (10)
    第四节 职业测评 ………………………………………………… (15)

第二章 培养职业素质 增强就业能力 ……………………………… (18)
    第一节 团队精神 ………………………………………………… (18)
    第二节 创新能力 ………………………………………………… (21)
    第三节 沟通能力 ………………………………………………… (24)
    第四节 学习能力 ………………………………………………… (27)
    第五节 时间管理 ………………………………………………… (29)

第三章 了解规划步骤 实施职业规划 ……………………………… (34)
    第一节 职业生涯规划的步骤 …………………………………… (34)
    第二节 职业生涯规划的误区 …………………………………… (37)
    第三节 职业生涯规划的调整 …………………………………… (38)
    第四节 职业生涯规划的范例 …………………………………… (41)

第四章 认清就业形势 端正就业观念 ……………………………… (49)
    第一节 当前大学生的就业形势 ………………………………… (49)
    第二节 我国大学生就业政策 …………………………………… (52)
    第三节 树立正确的就业观念 …………………………………… (58)

第五章 做好求职准备 从容面对就业 ……………………………… (61)
    第一节 求职材料的准备 ………………………………………… (61)
    第二节 求职心理的准备 ………………………………………… (73)
    第三节 就业信息的准备 ………………………………………… (76)

第六章 掌握求职技巧 预防求职陷阱 ……………………………… (81)
    第一节 面试技巧 ………………………………………………… (81)
    第二节 笔试技巧 ………………………………………………… (89)

第三节　谨防求职陷阱 ………………………………………………（93）
第七章　了解就业程序　维护就业权益 ……………………………（103）
　　第一节　就业协议书 …………………………………………………（103）
　　第二节　劳动合同 ……………………………………………………（108）
　　第三节　离校、报到与人事代理 ……………………………………（114）
　　第四节　就业权益的维护 ……………………………………………（121）
第八章　了解相关指导　把握就业机遇 ……………………………（129）
　　第一节　报考公务员相关指导 ………………………………………（129）
　　第二节　考研指导 ……………………………………………………（132）
　　第三节　出国留学指导 ………………………………………………（137）
　　第四节　大学生应征入伍 ……………………………………………（141）
参考文献 ………………………………………………………………（146）

第一章 规划职业生涯 设计精彩人生

第一节 职业生涯规划概述

成功的人生需要正确的规划。合理规划自己的职业生涯，是每一名大学生迈向成功人生的第一步。

一、职业生涯规划的含义

（一）职业

职业是指人们为获取主要生活来源和满足社会需求而从事的相对稳定的、有经济收入的、具有一定社会职能的、专门类别的社会劳动。它是一个人社会地位的一般表征，是人们的生活方式、经济状况、文化水平、行为模式、思想情操以及社会身份的综合反映，也是一个人的权利、义务、权力、职责的具体表现。

（二）职业生涯

职业生涯就是一个人的职业经历。它是一个人一生中所有与职业相联系的行为与活动，以及相关的态度、价值观、愿望等连续性经历的过程，也是一个人一生中职业、职位的变迁及工作、理想的实现过程。简单地说，职业生涯就是一个人终生的工作经历。

（三）职业生涯规划

职业生涯规划是指在对职业生涯的主客观条件进行测定、分析、总结的基础上，对自己的兴趣、爱好、能力、价值观、职业素质等进行综合分析与权衡，确定最佳的职业奋斗目标，并为实现这一目标做出行之有效的安排。简单地说，职业生涯规划就是规划从开始工作到退休的整个职业历程。

二、职业生涯规划的类型

按照规划的时间维度，职业生涯规划可分为短期规划、中期规划、长期规划和人生规划四种类型。

（一）短期规划

即两年以内的规划，主要是确定近期目标。

（二）中期规划

一般为2～5年内的职业目标和任务，是最常用的一种职业生涯规划。

（三）长期规划

即5～10年的规划，主要是设定较长远的目标，以及为实现此目标应采取的具体措施。

（四）人生规划

即整个职业生涯的规划，时间长达40年左右，主要是设定整个人生的发展目标和阶梯。

从字面上看，个人职业生涯规划从短期到中期，再到长期，直至整个人生规划，如同台阶一样一步步地发展。但在实际操作中，跨度时间太长的规划往往由于环境和个人自身的变化难以把握，而时间跨度太短的规划意义又不大，所以，一般人们把个人职业生涯规划的重点放在2～5年的中期规划，这样既便于根据实际情况设定可行目标，又便于随时根据现实的反馈进行修正或调整。

三、职业生涯规划的基本原则

（一）社会需求原则

职业是一种社会活动，它必定受到社会的制约，如果职业脱离社会需求，将很难被社会接纳。大学生进行职业生涯规划时要把握社会对人才的需求状况，以社会需求作为出发点和归宿点，这样的职业生涯规划才具有现实性和可行性。

此外，个人的职业发展与社会发展有着密切的关系。个人要求社会提供适宜发展的条件，满足个人的需要；同时，个人也必须为社会做出贡献，完成自己的社会义务。个人的发展必须顺应社会的发展，在追求个人发展的同时，不仅不能损害社会发展，还要推动社会发展。只有社会发展得好，社会中的每一位成员才可能有更好的自我发展。

（二）利益结合原则

利益结合原则即个人发展要与企业发展和组织发展相结合，应处理好个人与企业、个人与组织间的关系，寻找个人发展与企业发展、组织发展的结合点。

个人的职业发展，无论是就业还是自主创业，都离不开企业或其他社会组织。个人是在一定的组织环境和社会环境中发挥才干的，必须接受组织的现实状况，认可组织的目标和价值观念，并把自己的价值观念、知识技能和刻苦努力集中于组织的需要和发展上。因此，在进行职业生涯规划时应遵循利益结合原则，对自己进行恰当的定位。

（三）提升能力原则

职业生涯规划必须与提高综合能力相结合。知识经济时代是崇尚创新、呼唤创造力的时代。因此，在自我的职业生涯规划中，应注重培养推陈出新、追求创意、以创新为荣的意识；要使自己具有广博的知识和开阔的视野；要树立终身学习的思想观念，不断更新知识结构，有针对性地"充电"，以适应瞬息万变的社会形势，跟上时代发展潮流；要注重个性发展，要用已有知识探索未知世界，解决新问题，创造新机会，努力成为社会的强者。

在此过程中，还应认识到个人智慧的局限性，认清团结协作的重要性，培养团队精神；在人际交往中培养良好的沟通能力，与他人友好合作。唯有如此，才能在职业生涯发展中不断提升自己的综合能力，才能更好地应付知识经济时代的各种挑战。

（四）时间梯度原则

人的生命是短暂的，职业生涯则更为短暂。我们从20岁左右开始工作，到60多岁退休，其间只有40年左右的时间。除去生理活动的时间，真正直接用于工作的时间非常有限。时间梯度原则就是根据自己的短期目标和中长期目标，确立每一个目标的开始时间和结束时间，按期完成任务。如果没有明确的时间规定，就会失去职业生涯规划的目的和意义。

（五）发展创新原则

发展原则包括两个方面的含义：一是综合考虑时间和地域因素，确定这个职业未来有无前途。例如，很多资源性行业尽管当前效益很好，但一旦资源枯竭，企业和个人都要面临艰难的转型；二是要确定这个职业是否符合自己的兴趣，能否发挥自己的专长，自己在这个职业岗位上有无发展前途。

创新原则是指在职业生涯发展过程中不断创新，开拓新思路，使用新方法，发现新问题，制定新目标。我们可以分析许多成功人士的职业生涯发展历程，并以此作为自己进行职业生涯规划的重要参考。

（六）综合评价原则

综合评价原则即对职业生涯进行全过程和全方位的综合评价。一个人的发展是分阶段的，发展目标也是分阶段完成的，因此要注意对阶段目标的进展和实现情况进行评价，适时进行反馈和调整，使职业生涯朝着正确的方向发展。同时，综合评价原则也可以促进个人在职业生涯、个人事务、家庭生活三方面协调发展。

四、大学生做好职业生涯规划的意义

经过几年专业知识的学习，大学生需要找到一个适合自身发展的平台，如果事先不进行职业生涯规划，而是盲目地就业，必然会造成时间上、精力上和财力上的损失，甚至有可能影响自己人生的发展。因此，职业生涯规划的意义重大。它对于大学生的职业发展具有以下现实意义。

（一）有利于大学生建立科学的择业观

一般来说，大学生的第一份职业通常只是父母的意愿、学校的推荐、社会单方面需求的结果，与大学生自身的条件（职业兴趣、职业能力）可能并不完全相符。而我们提倡的是科学择业，即求职者依照自己的职业期望和兴趣，凭借自身能力挑选职业，实现自身能力素质与职业需求的匹配和统一。

进行职业生涯规划可以帮助大学生认清自己的优势和劣势，使其客观地看待自己，树立科学的择业观，保持良好的择业心态，明确自己的发展方向，选择适合自身特点的职业，并在自己的工作岗位上脚踏实地地工作，不断地积累经验、完善自我，寻求职业生涯的更好发展，而避免不切实际地片面求高。

（二）有利于增强大学生应对社会竞争的能力

当今社会，竞争日益激烈，要在竞争中占领有利位置，就要找到一个适合自己发展的平台。职业生涯规划可以帮助大学生学会运用科学的方法，采取可行的步骤与措施，有针对性地学习及参加各种相关的培训和实践，充分发挥个人的长处，努力克服缺点，挖掘潜在的能力，不断增强自身的职业竞争能力，从而实现自己的职业目标与理想。

（三）有利于提高就业成功率

在双向选择、自主择业的背景下，大学毕业生很看重各种形式的人才交流会，这也是他们走向社会，选择职业的主要渠道之一。然而据统计，人才交流会对接成功率一般只有30%左右，造成这种现象的原因之一就是大学生职业生涯规划的缺失，即大学生职业目标相对模糊，对自我缺乏认知。科学的职业生涯规划可以使大学生明确目标，有的放矢，选择适合自己的职位，提高求职成功率。

(四) 有利于稳定就业，增强发展后劲

由于缺乏职业生涯规划的指导和长远打算，不少大学生年轻时只是随波逐流地换工作，以致到了30多岁还没有职业定位。这种缺少规划地更换工作，一方面难以在一个合适的领域内积累必要的工作经验，为今后的职业发展奠定坚实的基础；另一方面，频繁跳槽会影响自己职业的稳定发展。而一个不具备应有的职业技能和经验，或是频繁跳槽的求职者都难以得到用人单位的青睐。

经过系统职业生涯规划培训的大学生一般都有明确的职业定向，对择业往往都很慎重。只有这样才能在真正双选的基础上找到一个相对适合自己的职业，从而降低了因入职不匹配而导致的离职率。

第二节　职业生涯规划的基本理论

一、帕森斯的特质因素理论

帕森斯的特质因素理论又称帕森斯的入职匹配理论，该理论是最早的职业辅导理论，是美国波士顿大学教授弗兰克·帕森斯于1909年提出的。"特质"是指个人的人格特征，包括能力倾向、兴趣、价值观和人格等，这些都可以通过心理测量工具来加以衡量；"因素"则是指在工作上要取得成功所必须具备的条件或资格，这可以通过对工作的分析来了解。帕森斯认为，每个人都有自己独特的人格模式，每种人格模式的个人都有其相适应的职业类型。

帕森斯将选择职业的过程分为三步：

第一步是评价求职者的生理和心理特点。通过心理测量及其他测评手段获得求职者的身体状况、能力倾向、兴趣爱好、气质与性格等方面的个人资料，并通过会谈、调查等方法获得求职者的家庭背景、学业成绩、工作经历等情况，并对这些资料进行评价。

第二步是分析各种职业的要求，并向求职者提供有关的职业信息，包括：职业的性质、工资待遇、工作条件，以及求职的最低条件（如学历要求、能力要求、身体要求）等。

第三步是入职匹配。在了解求职者的特性和职业要求的各项指标的基础上，选择一种适合个人特点又有可能得到并能在职业上取得成功的职业。

二、霍兰德的职业兴趣理论

约翰·霍兰德是美国约翰·霍普金斯大学的心理学教授,美国著名的职业指导专家。他于1959年提出了具有广泛社会影响的职业兴趣理论。

职业兴趣理论认为,人格特质可以分为六种类型,即现实型(R)、研究型(I)、艺术型(A)、社会型(S)、企业型(E)、常规型(C)。为了便于描述,霍兰德将这六种人格类型放在一个正六角形的每一角(见图1-1)。其中,相邻人格类型的共同点较多,相隔人格类型的共同点较少,相对人格类型的共同点最少。

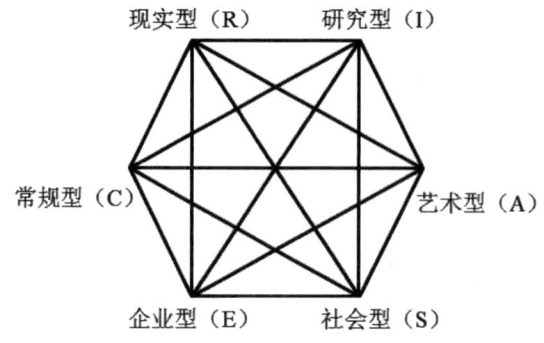

图1-1 六角模型

相应地,职业环境也可分为同样的六种类型,人格特质与职业的匹配如下表所示(见表1-1)。

表1-1 人格特质与职业的匹配

人格特质	劳动者	职业
现实型	①愿意使用工具从事操作性工作; ②动手能力强,做事手脚灵活,动作协调; ③不善言辞,不善交际	各类工程技术工作、农业工作,通常需要一定体力,需要运用工具或操作机器,如工程师、技术员、机械操作工、矿工、木工、电工、鞋匠、司机、农民、牧民和渔民等
研究型	①抽象思维能力强,求知欲强,肯动脑,善思考,不愿动手; ②喜欢独立的和富有创造性的工作; ③知识渊博,有学识才能,不善于领导他人	科学研究和科学实验工作,如自然科学和社会科学方面的研究人员、专家;化学、冶金、电子、无线电、电视、飞机等方面的工程师、技术人员;飞机驾驶员、计算机操作员等

续表

人格特质	劳动者	职业
艺术型	①喜欢以各种艺术形式的创作来表现自己的才能，实现自身的价值； ②具有特殊艺术才能和个性； ③乐于创造新颖的、与众不同的艺术成果，渴望发挥自己的个性	各类艺术创作工作，如音乐、舞蹈、戏剧等方面的演员、编导、教师；文学、艺术方面的评论员；广播节目的主持人、编辑、作者；绘画、书法、摄影家，艺术、家具、珠宝、房屋装饰等行业的设计师等
社会型	①喜欢从事为他人服务和教育他人工作； ②喜欢参与解决人们共同关心的社会问题，渴望发挥自己的社会作用； ③比较看重社会义务和社会道德	各种直接为他人服务的工作，如教师、保育员、行政人员；医护人员；衣食住行服务行业的经理、管理人员和服务人员等
企业型	①精力充沛、自信、善交际，具有领导才能； ②喜欢竞争，敢冒风险； ③喜爱权力、地位和物质财富	组织与影响他人共同完成组织目标的工作，如企业家、政府官员、商人、行业部门和单位的领导者、管理者等
常规性	①喜欢按计划办事，习惯接受他人指挥和领导，自己不谋求领导职务； ②不喜欢冒险和竞争； ③工作踏实，忠诚可靠，遵守纪律	与文件档案、图书资料、统计报表相关的各类科室工作，如会计、出纳、统计人员；打字员；办公室人员；秘书和文书；图书管理员；旅游、外贸支援、保管员、邮递员、审计人员、人事职员等

如果人格特质与职业环境重合，说明两者匹配性最佳；两者较为相近，说明个人经过努力可适应新的职业环境；两者重合度最差，说明个人很难适应新的职业环境。

三、金斯伯格的职业生涯发展理论

金斯伯格是美国著名的职业指导专家和职业生涯发展理论的先驱及代表人物，他研究的重点是从童年到青少年阶段的职业心理发展过程。他将职业生涯的发展分为幻想期、尝试期和现实期三个阶段。

（一）幻想期（11岁之前）

处于11岁之前的儿童对他们所看到或接触到的各类职业从业者（如父母、老师、军人、演员甚至动物园管理员等）都充满了好奇和向往，幻想着长大做他们那样的人、干他们所干的工作，甚至在装扮、语言和行为上进行模仿。

该时期职业需求的特点是：单凭自己的兴趣爱好选择职业，不考虑自身的条件、能力水平、社会需要与机遇，完全处于幻想之中。

（二）尝试期（11~17岁）

尝试期是接受中等教育，由少年向青年过渡的时期。在这一时期，人的心理和生理均在迅速成长、发育和变化，逐渐出现了独立的意识，产生了基本的价值观，知识逐步累积，能力显著增强，初步获得了社会生活经验。

该时期职业需求的特点是：注意自己的职业兴趣，开始客观地审视自身各方面的条件、能力和价值观，开始注意各种职业的社会地位，以及社会对该职业的需要。

（三）现实期（17岁以后）

现实期的人们完成了中等教育，有一部分人即将步入社会劳动，此时他们能够客观地把自己的职业愿望或要求同自己的主观条件、能力，以及社会现实的职业需要密切联系和协调起来，寻找适合自己的职业角色。

该时期职业需求的特点是：已有具体的、现实的职业目标，讲求实际。

四、舒伯的生涯发展理论

舒伯于1953年提出"生涯"的概念，他把生涯发展看成一个持续渐进的过程，由童年时代开始一直伴随个人的一生。

舒伯的生涯发展理论将生涯的过程分为成长阶段（0~14岁）、探索阶段（15~24岁）、建立阶段（25~44岁）、维持阶段（45~65岁）和衰退阶段（65岁以上）五个阶段（见图1-2），而生涯发展的过程在每个阶段都有其独特的职责和角色，以及不同的发展任务，且前一阶段发展任务的完成情况会影响下一阶段的发展。

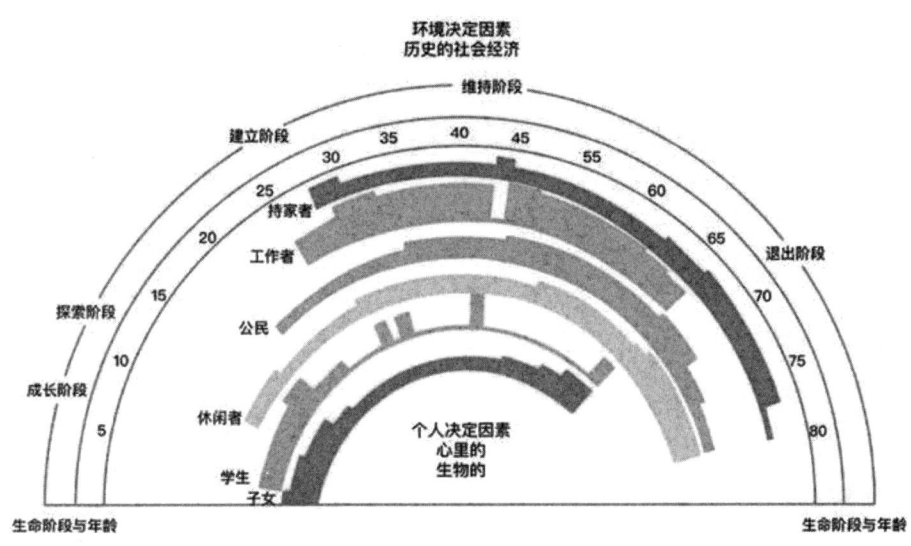

图1-2 舒伯的生涯彩虹图

从舒伯的生涯彩虹图中，我们可以看到生涯规划立体化了。从长度上看，它包括了一个人从生到死的全部生命历程；从空间上看，该过程并不局限于对职业角色的关注，同样重视非职业角色对一个人生涯的影响。舒伯认为，持家者、公民、休闲者、学生、子女、配偶、退休者等角色和工作者的角色都是一个人自我概念的具体表现。所谓"自我概念"，就是指个人对自己的兴趣、能力、价值观及人格特征等方面的认识和主观评价。一个人的自我概念在青春期以前就开始形成，至青春期较为明朗，并于成人期由自我概念转化为生涯概念。工作与生活满意的程度，有赖于个人能否在工作上、职场中，以及生活形态上找到展现自我的机会。

五、施恩的职业锚理论

职业锚理论是由美国著名的就业指导专家埃德加·施恩教授提出的。施恩认为，职业生涯规划是一个持续不断的探索过程，随着一个人对自己越来越了解，这个人就会越来越明显地形成一个占主要地位的"职业锚"。这个所谓的"职业锚"是指当一个人不得不做出选择的时候，无论如何都不会放弃的职业中的那种至关重要的东西或价值观，即人们选择和发展职业时所围绕的中心，可以简单地理解为职业定位。

职业锚可分为以下八种类型：

（一）技术/职能型

拥有这种职业锚的人追求在技术/职能领域的成长和技能的不断提高，以及应用这种技术/职能的机会。他们喜欢面对来自专业领域的挑战，但不喜欢从事一般的管理工作，因为这将意味着他们放弃在技术/职能领域的成就。

（二）管理型

拥有这种职业锚的人追求并致力于工作晋升，倾心于全面管理，可以跨部门整合其他人的努力成果，他们想去承担整个部分的责任，并将公司的成功与否看成自己的工作。

（三）自主/独立型

拥有这种职业锚的人希望随心所欲地安排自己的工作方式、工作习惯和生活方式。追求能施展个人能力的工作环境，最大限度地摆脱组织的限制和制约。他们宁愿放弃晋升机会，也不愿意放弃自由与独立。

（四）安全/稳定型

拥有这种职业锚的人追求工作中的安全与稳定感，但并不关心具体的职位和具体的工作内容。

（五）创业型

拥有这种职业锚的人希望依靠自己的能力去创建属于自己的公司或创建完全属于自己的产品（或服务），而且愿意冒险，并克服面临的障碍。他们可能正在别人的公司工作，但同时他们也在不断评估将来的机会，一旦他们感觉时机到了，便会自己走出去创建自己的事业。

（六）服务型

拥有这种职业锚的人一直追求他们认可的核心价值，如帮助他人、改善工作环境等。

（七）挑战型

拥有这种职业锚的人喜欢解决看上去无法解决的问题，战胜强硬的对手，克服无法克服的困难障碍等。对他们而言，参加工作或职业的原因是工作允许他们去战胜各种不可能。

（八）生活型

拥有这种职业锚的人希望将生活的各个主要方面整合为一个整体。正因为如此，他们需要一个能够提供足够的弹性让他们实现这一目标的职业环境。

第三节 职业生涯规划的影响因素

影响职业生涯规划的因素有很多，可简单归纳为外部因素和内部因素两个方面。

一、外部因素

（一）社会环境

1. 政治环境

政治环境主要包括社会政治制度、政治状况以及社会法制的完备程度。我国政治制度稳定，法制化进程已经开始，市场经济已初步形成并步入正轨，这为各种人才成长发展提供了前所未有的机遇。但同时人才竞争日趋激烈，大学生就业环境看起来不容乐观，因此，大学生在分析好社会现状的基础上，有针对性地做好职业生涯规划。

2. 经济环境

经济环境是影响职业选择和职业发展的重要因素，具体说来，经济环境方面的因素主要有以下几个方面：

（1）经济形势因素。经济形势的变化对职业的影响是最为明显且最为复杂的。当经济处于萧条时期，企业效益降低，对人力资源的需求减少，因而职业选择和职业发展的机会减少；当经济处于高速发展时期，企业处于扩张阶段，对人力资源的需求就会增加，职业选择和职业发展的机会也就随之增多。

（2）经济发展水平因素。在经济发展水平高的地区，企业相对集中，优秀企业也会比较多，个人职业选择的机会就比较多，因而就有利于个人的职业发展；反之，在经济落后的地区，个人职业选择的机会相对来说就比较少。

（3）收入水平因素。社会对人力资源的需求是一种派生需求，当人们的收入水平提高时，对商品消费的需求会增加，企业扩大生产，从而增加对人力资源的需求，职业选择和职业发展的机会增多；相反，职业选择和职业发展的机会减少。

3. 社会文化环境

社会文化环境包括教育条件和水平、社会文化设施等。在良好的社会文化环境中，个人能得到良好的教育和熏陶，从而为职业发展打下坚实的基础。

社会文化是影响人们行为、欲望的基本因素，社会文化反映着个人的基本信念、价值观和规范的变动。我国是一个大国，社会文化的复杂性决定个人职业选择与职业发展要考虑组织（企业）所在地的文化因素。

大学生在进行职业生涯规划时，主要应了解的内容包括：社会政策，主要是人事政策和劳动政策；社会变迁，如知识经济和信息化社会的发展；社会价值观，价值观会随着社会的不断发展和进步而发生不同程度的变化，从而会影响社会对人的认识和对职业的要求；科学技术的发展，科技的发展会带来理论的更新、观念的转变、思维的变革、技能的补充等,而这些都是职业生涯规划中不可或缺的因素。

4.教育环境

现代教育体制改革使更多的年轻人有接受高等教育的机会,这使得高学历人才迅速增多,高素质人才的竞争将更为激烈。另一方面,我国教育体制原来较为忽略职业技术教育,我国依然面临技术工人匮乏的问题。因此,掌握一至两项实用技术,成为高级蓝领,也是不错的职业选择。

(二) 组织环境

组织环境主要包括组织外部环境和内部环境两个方面。

组织外部环境是指存在于行业之中、组织之外,组织不能控制但是能对组织决策和绩效产生影响的外部因素的总和。主要包括组织在本行业中的地位和状况及发展前景、所面对的市场状况、产品在市场上的发展前景、能够提供的岗位等。

组织内部环境主要包括以下方面:组织规模和组织结构;组织实力、声誉和形象;组织文化、组织氛围和人际关系状况;组织发展战略和发展态势;目前的产品、服务和活动范畴,市场发展前景;组织领导人与组织政策和组织制度;组织人力资源开发与管理状况,如人力资源需求、晋升发展政策、薪资和福利、教育培训、工作评估等;工作设施设备条件和工作环境等。

(三) 家庭环境

家庭是个人成长的最核心的环境,任何人的性格和品质的形成及个人的成长都离不开家庭环境的影响。子女与父母的关系、家庭的社会经济地位、父母的管教方式、父母对子女未来职业的期待以及期待程度、父母的职业身份和父母的榜样作用等,均会在不同层面对大学生的职业生涯发展起到不同程度的影响作用,因此,我们经常看到教育世家、艺术世家、商贾世家等。但研究也表明,如果大学生个体自我认知程度越高,将自身兴趣与专业选择和职业生涯发展结合越紧密,那么,家庭因素对他的影响也就相对越小。

大学生在进行职业生涯规划时,一方面要考虑家庭的经济状况、家人期望、家族文化等因素对本人的影响。另一方面,个人在成长过程中,在不同时期也要根据自己的成长经历和所受教育的情况,不断修正、调整,并最终确立职业理想和职业规划。正确而全面地衡量家庭情况才能有针对性地设计自己的职业生涯规划。

二、内部因素

（一）气质

气质是指人们心理活动的速度、强度、稳定性和灵活性等方面的心理特征，是神经类型特征在人的行为上的表现。一般来说，气质分为胆汁质、多血质、黏液质和抑郁质四种类型，每一种气质都有其积极方面和消极方面。气质对个体的职业生涯规划有一定的影响，不同气质的人适合从事不同类型的职业。

1. 胆汁质

胆汁质的人精力旺盛，热情直率，激动暴躁，情绪体验强烈，神经活动具有很强的兴奋性，反应速度快却不灵活。他们能以极大的热情去工作，克服工作中的困难，但若对工作失去信心，情绪即会低沉下来。这类人适宜竞争激烈、冒险性、风险意识强的职业，如探险、地质勘探、登山和体育运动等。

2. 多血质

多血质的人活泼好动，性情活跃，反应敏捷，易适应环境，善于交际。他们工作能力较强、情绪丰富且易兴奋，但注意力不稳定，兴趣易转移。这类人对职业有较广的选择范围和机会，适合于从事要求迅速灵活反应的工作，如导游、外交、公安、军官等，但不适宜从事单调机械的工作和要求细致的工作。

3. 黏液质

黏液质的人情绪兴奋性低，安静沉稳；内倾明显，外部表现少，反应速度慢，但稳定性强，偏固执、冷漠；比较刻板，有较强的自我克制能力，能埋头苦干，态度稳重，不易分心，对新职业适应慢，善于忍耐。这类人适合于从事要求稳定、细致、持久性的职业，如会计、法官、管理人员、外科医生等，但不适宜从事具有冒险性的工作。

（二）性格

性格是个人对现实的稳定态度和习惯化了的行为方式中表现出来的个性心理特征。从广义上讲，性格是行为方式、心理方式、情感方式的总和，集中反映了一个人的心理面貌。

职业心理学研究表明，性格影响着一个人对职业的适应性，一定的性格适合从事一定的职业，同时，不同职业对从业者也有不同的性格要求。因此，大学毕业生在考虑或选择职业时，不仅要考虑自己的性格特点，还要考虑性格与职业相匹配。

性格与职业相匹配是指个人在选择职业时，应根据自己的性格来选择与个人性格相适应的职业。于组织而言，则应该根据职业要求挑选相应性格的人。人们通常将人的性格分为外向型和内向型。一般来说，外向型性格的人更适合与人接触的职业，如管理人员、记者、教师、政治家、推销员等；内向型性格的人更适合有计划、稳定且与人接触较少的职业，如会计师、统计员、资料管理员、技术人员和科学家等。当然，在实际生活中，纯粹的外向或内向的人是很少的，绝大多数人是混合型。此外，外向与内向是相对而言的，没有一个确切的标准。因此，我们不能轻易给自己的性格类型作结论，还应通过咨询和自我测验来确认自己的性格类型。

（三）兴 趣

兴趣是个体积极探究事物的认识倾向，这种倾向带有稳定、主动、持久等特征。当兴趣的对象指向某一职业时，就称之为职业兴趣。如果一个人对某种工作产生兴趣，在工作中就会具有高度的自觉性和积极性，就容易做出成就；反之，则会影响工作的积极性，有可能一事无成。爱因斯坦曾经说过："兴趣是最好的老师。"走自己的路，做自己喜欢的事情，选择自己感兴趣的职业，是当今社会最具有典型性的择业观念。

大学生在择业过程中应适当考虑自己的兴趣和爱好，不能为了暂时的眼前利益而选择自己不感兴趣的职业，这样不仅不能充分施展自己的才能，甚至可能会贻误终生。即将毕业的大学生要对自己的兴趣进行客观分析，同时还要树立正确的人生志向，调整自己的兴趣爱好，适应社会的需要，争取找到适合自己兴趣的职业，最大限度地发挥自己的聪明才智。

当然，任何人的职业兴趣都不是与生俱来的，而是以一定的素质为前提，是在生活实践过程中逐步发生和发展起来的。如果一个人缺乏某种职业知识，或者根本不了解这种职业，那么他就不可能对这种职业感兴趣。因此，一个人只有广泛地了解职业知识，多参加相关的职业活动，才可能真正显示和发现自己的职业兴趣所在。

（四）能 力

能力是指人们成功地完成某种活动所必须具备的个性心理特征，是人们在社会实践中所表现出的身心力量。一个人的能力高低会影响他掌握各种活动的成绩，影响一个人的活动效果。能力是求职者开启职业大门的钥匙。个人只有选准了与自己能力倾向相吻合的业才能如鱼得水，否则，就会影响职业活动的效率。

能力包括一般能力和特殊能力，不同的职业要求从业者有不同的能力。个人的职业能力通常可分为一般言语能力、数理能力、空间判断能力、察觉细节能力、书写能力、运动协调能力、动手能力、社会交往能力和组织管理能力等九个方面。例如，教师、播音员、记者等职业要求从业者有较强的言语能力；统计、测量、会计等职业要求从业者有较强的数理能力；而画家、建筑师、医生等职业对从业者的形态知觉能力要求颇高。

第四节　职业测评

职业心理学家认为，进行职业生涯规划，首先应该从认识自我开始——职业测评是认识自我的一种非常有效的手段。

一、职业测评的概念

职业测评是一种了解个人与职业相关的各种心理特质的方法。准确地说，职业测评是一种心理测验，它是通过一系列的科学手段对人的一些基本心理特质（能力素质、个性特点）进行测量与评估。通过评估，分析自己的各种特点，再结合工作的特点，帮助你进行职业选择，这也就是通常意义上所说的"入职匹配"。

科学的职业测评以特定的理论为基础，经过设计问卷、抽样、统计分析、建立常模等程序编制。科学的职业测评还必须符合三个条件：①效度，即测验结果的准确性；②信度，即测验结果的稳定性；③常模，即是指有代表性的样本在测验上的分数分布情形。

二、职业测评的功能

职业测评的目的是实现人适其职，职得其人；人尽其才，才尽其用。它在研究、咨询、辅导和组织对员工的职业/生涯开发中都占据重要的地位，是不可或缺的工具。具体来说，其功能包括以下几个方面：

（一）预测功能

预测个体在教育训练、职业训练以及未来工作中的表现。

（二）诊断功能

评估个体的长处和短处，优势和劣势，并诊断个体在兴趣、价值观和职业/生涯决策等方面的特质。

（三）区别功能

区别出个体的某些特质最类似于哪一类的职业群体。

（四）比较功能

依据测量学指标，将个体素质（能力倾向、兴趣、价值观等）与某些目标团体相比较，从而观察两者之间的匹配程度。

（五）探测功能

了解个体在职业/生涯发展的连续过程中，其职业决策、职业适应性的行为、态度，以及能力方面的一般状况，以便提供必要的职业辅导。

（六）评估功能

对职业/生涯咨询或辅导的进展情况和效果进行评估。

三、职业测评的分类

职业测评中最基本、最常用的有四大类测验，即职业兴趣测评、职业性格测评、职业能力测评和职业价值观测评。

（一）职业兴趣测评

职业兴趣测评是用于了解一个人的兴趣方向以及兴趣序列的一项测评。

兴趣是一个人积极探索、掌握某种事物的认知倾向，也是经常参与该种活动的心理动力。当人的认知对象指向某种职业时，就形成了职业兴趣。当一个人对本职工作感兴趣时，他就能积极、热情、全身心地都投身于本职工作，并创造性地努力完成自己的事业。如果一个人对自己的本职工作毫无兴趣，就不会激发积极主动自觉性，即使其智商、情商都不错，也不可能在本职工作上有所建树。因此，兴趣是影响职业选择的重要因素之一。

（二）职业性格测评

职业性格测评是探讨各种性格类型与相关职业的匹配程度的一种测评。

性格是人在与客观现实不断互动过程中形成的对现实生活的稳定态度以及与之相应的行为方式，是区别于他人的、独特的明显心理特征。性格的差异影响着个人的职业适应性，性格迥异的人一般不可能从事同一种职业。因此，大学生在考虑或选择职业时，不仅要考虑自己的职业兴趣和职业能力，还要顾及自己的职业性格是否适应自己中意的职业特点。

（三）职业能力测评

职业能力测评是用于预测一个人从事某种职业的多种能力的综合的一项测评。

职业能力可分为一般职业能力、专业能力和综合能力。一般职业能力主要是指一般的学习能力、文字和语言运用能力、数学运用能力、空间判断能力、形体知觉能力、颜色分辨能力、手的灵巧度、手眼协调能力等。专业能力主要是指从事某一职业的专业能力。在求职过程中，招聘方最关注的就是求职者是否具备胜任岗位工作的专业能力。例如：你去应聘教学工作岗位，对方最看重你是否具备最基本的教学能力。职业综合能力主要包括跨职业的专业能力、方法能力、社会能力和个人能力。

如果说职业兴趣或许能决定一个人的择业方向，以及在该方面所乐于付出努力的程度，那么职业能力则能说明一个人在既定的职业方面是否能够胜任，也能说明一个人在该职业中取得成功的可能性。

（四）职业价值观测评

职业价值观测评是用于了解个人对待职业的信念和态度的一种测评。职业价值观也称为择业观，是个人的人生目标和人生态度在职业选择上的具体表现，也是个人对待职业的一种信念和态度。在选择职业时，个人的择业标准及对具体职业的评价集中反映了其职业价值观。理想、信念、世界观对于职业的影响，集中体现在职业价值观上。

俗话说："人各有志。"对职业选择而言，"志"就是职业价值观，在个人的职业选择态度及行为上具有明确的自觉性、目的性和坚持性，对个人的职业目标和择业动机起着决定性的作用。

第二章　培养职业素质　增强就业能力

第一节　团队精神

一、团队精神概述

（一）团队

团队是指互助互利、团结一致、为统一目标和标准而奋斗到底的一个群体。团队不仅强调个人的业务成果，更强调整体的业绩。

团队的精髓是共同承诺。共同承诺就是共同承担团队的责任。做出这一承诺，团队就会齐心协力，成为一个强有力的集体；没有这一承诺，团队就如同一盘散沙。

（二）团队精神

团队精神是大局意识、协作精神和服务精神的集中体现，是团队成员对团队感到满意与认同，自觉地以团队的利益和目标为重，并在各自的工作中尽职尽责，自愿并主动与其他成员积极协作、共同努力奋斗的意愿和作风。

团队精神的基础是张扬个性。张扬个性，即强调个性自由，这是敢于打破常规的动力源泉。要塑造团队精神，就必须尊重个体的兴趣与成就，尊重个人的个性。

团队精神的核心是协同合作。团队精神强调的不仅仅是一般意义上的合作与齐心协力所带来的"1+1=2"的效果，其核心在于加强沟通，发挥个性优势，在团结协作中实现优势互补，产生积极的协同效应，带来"1+1＞2"的效果。

团队精神其实是一个组织共同的价值观问题，团队精神的动力是共同目标。

团队有目标，大家才会向着这个目标坚定不移地走下去。只有团队目标达到了，即团队成功了，个人才能获得成功。如果脱离了团队目标，即使个人目标达到了也是毫无意义的。

二、培养大学生团队精神的意义

（一）时代发展的需要

社会把"是否具有团队精神"作为人员是否被录用的重要指标。在现代社会，个人的力量显得非常渺小，单靠个人能力来解决重大问题的可能性已微乎其微，更多的成果是靠"集体大脑"，而创新人才将以一种团队的形式体现出来。也就是说，时代要求个体除了具备必要的自身能力之外，还必须具备与他人合作的协作能力。为此，培养受社会欢迎的具有良好团队精神的大学毕业生，必将是高校教育的职责和神圣使命。

（二）有助于大学生尽快适应社会

培养大学生树立团队精神，有助于培养其良好的心态，使其灵活地应对风雨变化的社会大环境。同时，如大学生具备团队精神，在求职就业过程中就更容易受到企业的青睐，进而获得更好的就业机会。

（三）有利于大学生综合素质的提高

培养大学生的团队精神，有助于提高其与人共事时的奉献、进取、团结合作的人际交往能力和作风，使其养成民主意识，提高心理素质。在长期的活动中培养大学生的团队精神，能创造出一种增加满意度的氛围，使他们创造性地工作和学习，谋求通过与人合作来共同创新和发展。

三、培养团队精神的途径和方法

（一）团队组织者和领导者的团队精神培养

作为团队的组织者和领导者，第一，要建立一种有效的监督和约束机制，营造一种团结严谨的工作氛围；第二，要消除不必要的工作界限，培养团队成员整体配合的协作精神，形成"分工不分家""互相支持和努力"的工作习惯；第三，要让每一位成员都能拥有自我发挥的空间，但要破除个人主义以及唯我独尊、夜郎自大的傲慢心理，把团队成员的力量凝聚到同心协力的行动上，凝聚到荣辱与共的感受上，树立团队集体主义观念；第四，要尊重每一位成员，让每一位成员都学会包容、欣赏、尊重其他成员的个别差异性，使团队的全体成员产生归属感和凝聚力，树立共同目标，实现共同理想。

（二）团队成员的团队精神培养

作为团队成员，要培养团队精神，必须注重以下能力和品质的培养。

1.培养主动做事的品格

在一个团队里，不能被动地等待别人告诉你应该做什么，而应该主动去了解团队需要我们做什么，充分发挥主观能动性和主观意识，然后进行周密规划，并全力以赴地去完成。

2.培养敬业的品格

有敬业精神才能把团队的事情当成自己的事情，才能发挥自己的聪明才智。个人的命运是与所在的团队连在一起的，要有意识地多参与集体活动，并且要尽自己所能认真完成个人承担的任务。无论学习或是工作都要养成认真负责的好习惯，增强责任感。

3.培养宽容与合作的品质

团队中的每个成员都各有长处和不足，关键是成员之间以怎样的态度去看待，能否在平常之中发现他人的美。在日常生活中培养宽容与合作的品质，不仅是培养团队精神的需要，也是获得人生快乐的重要途径。

4.培养全局意识、大局观念

团队精神不反对个性张扬，但个性必须与团队的行动一致。在工作中，要有意识地培养全局观念。比如要建设一个优秀班组，就不能只考虑自己的需要而不关注别人的感受；要建设一个优秀部门，每个人就不能借口自己有这样或那样的事情而不参与集体的活动。否则，团队就会像一盘散沙，优秀的团队难以形成，自己也很难从中受益。

四、影响团队绩效的因素

（一）公平因素

公平可分为程序上的公平和结果上的公平。程序上的公平是要给人以平等的机会，而结果的公平是要给人以平等的结果。在满足程序公平的前提下，结果上的不公平表明了个人的能力以及努力程度；如果程序上不公平，就会导致秩序混乱。所以，相对而言，程序上的公平比结果上的公平更重要。如果不注重程序公平，而只追求结果上的公平，就可能导致分配上的大锅饭，从而影响业绩突出的团队成员的积极性，进而影响整个团队的绩效。

（二）绩效评估方法

一个团队需要一套公平、透明的绩效评估体系，并以此对每个成员的绩效做出评估。评估体系不透明、不科学，就会影响到团队成员的积极性，进而影响整个团队的绩效。因为不对团队成员的个人努力做出评估，团队中就会有人滥竽充数，不会为团队建设做出贡献，甚至会影响团队其他成员的积极性。

（三）人际关系

复杂的人际关系会对团队绩效产生很多负面影响，因为团队成员把精力耗费在人际关系方面，用在工作上的精力就少了，这必然会影响团队的整体绩效。所以，团队一定要创造一种和谐的人际关系氛围，使团队成员可以在简单的人际关系中，轻松而又全力以赴地进行工作。

第二节　创新能力

创新能力是当代大学生应具备的职业素质之一。没有旺盛的进取心，就会被时代所抛弃；没有开拓创新的能力，就只能因循守旧，墨守成规，工作就自然没有起色。有了不断进取的创新能力，任何艰难困苦都不能阻挡我们的前进步伐。

一、创新能力概述

（一）创新能力的概念

创新是指人们在生产力、生产关系和上层建筑全部领域中进行的创造性活动。创新就是对不断出现的新情况、新现象、新问题、新领域做出新的理性分析和理论解答，对认识对象和实践对象的本质、规律和发展变化的趋势做出新的揭示和预见，对人类历史经验和现实经验做出新的理性升华。

创新能力是运用知识和理论，在科学、艺术、技术和各种实践活动领域中不断提供具有经济价值、社会价值、生态价值的新思想、新理论、新方法和新发明的能力。

（二）创新能力的内容

创新能力包括创新意识、创新思维、创新技能、创新精神等几个方面的内容。

1. 创新意识

创新意识是善于独立思考、敢于标新立异，提出新观点、新方法，解决新问题和创造新事物的意识。它是创新思维和创新活动的基本前提和条件，直接决定创新活动的产生和创新能力的发挥。

2. 创新思维

创新思维是逻辑思维、形象思维、直觉思维、灵感思维等多种思维形式的有机结合，是判断推理敏捷，概括综合准确，分析思考深刻，联想想象新奇的高级智能思维方式。创新思维是创新能力的核心，是创新活动的关键。

3. 创新技能

创新技能是指创新主体在开展创新活动时所需要的实践技能，包括信息加工技能、动手操作技能、运用创新技术的技能和物化创新成果的技能等。创新技能是创新能力的直接体现。

4. 创新精神

创新精神包括高度的责任感和敬业精神，勇于开拓的精神，对新事物的强烈的好奇心以及敢于冒险、勇于进取的品质。创新精神是培养创新意识、锻炼创新思维、提高创新技能的保证。良好的创新精神对培养创新思维、激发创新灵感和进行创新活动来说都是不可或缺的。

二、大学生的创新能力现状

大学生正处于思维创造活动发展的重要阶段。他们思维敏捷、精力旺盛、思想活跃，然而，我国大学生的创新能力还不够全面，主要表现为以下四个方面：

（一）好奇心强，但创新意识贫乏

大学生具有强烈的好奇心，并对事物因果关系的规律性探索越来越感兴趣，独立思考、独立判断的能力开始逐步发展。但由于国家教育体制和大学生自身的原因，他们并没有养成创新意识。另一方面，大学生往往只是在单纯的好奇上停滞不前，不愿意或者不敢标新立异，也不敢提出新观点、新方法，以及为解决新问题和创造新事物而努力。

（二）思维敏捷，但缺少创新思维方法

大学生随着知识和经验的不断积累，想象力逐渐丰富起来，思维能力，尤其是逻辑思维能力有了很大程度的发展，思维也较敏捷。但由于知识面窄，学科之间缺乏合理的整合，思维方式往往是单一的和直线式的，致使大学生思考问题时缺乏灵活性和全面性。

（三）想法创新但缺乏创新技能

许多大学生经过长期的脑力训练，在特定因素的诱发和引领下会产生灵感。但由于缺少创新技能和横向联系，灵感最终是昙花一现。要使这些灵感变为现实，需要一些必要的创新技能，而这正是我国大学生在长期的应试教育下所缺乏的。创新技能的缺乏限制了大学生创新能力的进一步发展。

（四）有创新热情，但创新精神不佳

大学生通过自主学习和教师的引导，有了一定的创新热情。但由于缺乏广泛的沟通和对社会的全面了解，导致他们的创新目标不够明确。许多大学生虽然不

满足于现状，但往往只是满腹牢骚、唉声叹气，缺乏行动的信心。另外，很多大学生也缺乏创新的毅力。有些大学生也能认识到毅力在创新活动中的重要性，但在实际工作过程中往往虎头蛇尾、见异思迁、放弃追求。

三、培养大学生创新能力的途径

当今时代的发展对大学生的创新能力提出了更高的要求，对大学生来说，这既是挑战，也是实现自我全面发展的机遇。要培养大学生的创新能力，可以从以下四个方面着手。

（一）增强创新意识

创新是真正意义上的超越，是一种敢为人先的胆识。现在的大学生是从应试教育中走过来的，在小学、中学接受的大多是老师机械式的灌输，课堂上缺乏热烈宽松的气氛，学生很少有独立思考的空间，学习的目的就是为了考试。这样，大学生的悟性在经过"千锤百炼"之后基本上被埋没了，思维被严重地束缚。因此，大学生创新能力的提高应该从增强创新意识开始，要善于发现问题、提出问题，不拘泥于条条框框的束缚，勇于超越常规，在超越中求发展。

（二）培养各种能力

创新不是一种简单的"包装"现象，它体现的是一种更高层次的能力，需要各种基础能力作为保障。要真正地具备较强的创新能力，必须首先具备很强的综合能力和综合素质，尤其是观察能力、分析问题和解决问题的能力、独立思考的能力和学习的能力，这些能力需要靠不断地思考与学习来获得。这些能力积累起来就成了一股不可战胜的力量。

（三）建立健全合理的知识体系

创新能力的提高是一个日积月累、循序渐进的过程。创新需要基础，没有基础，超越便没有了可能。为创新做好准备，必不可少的一个环节就是脚踏实地地学好知识，掌握真才实学，在此基础上融会贯通，构建健全合理的知识体系。

（四）积极参与社会实践，学以致用

创新的灵感大部分来源于现实生活，现实生活也是创新的最好材料。参与社会实践对培养大学生的创新能力的作用是不可低估的。另外，积极有效的社会实践也可以增强大学生的竞争意识和创新意识。

第三节 沟通能力

一、沟通能力概述

沟通能力是指一个人与他人有效地进行信息交流的能力。恰如其分和沟通效益是人们判断沟通能力的基本尺度。其中，恰如其分是指沟通行为符合沟通情境和彼此相互关系的标准或期望；沟通效益是指沟通活动在功能上达到了预期的目标，或者满足了沟通者的需要。

表面上看，沟通能力似乎就是一种能说会道的能力，实际上它包罗了从穿衣打扮到言谈举止等一切行为的能力。一个具有良好沟通能力的人可以充分发挥自己所拥有的专业知识及专业能力，并能给对方留下"我最棒"、"我能行"的深刻印象。

二、大学生沟通障碍的表现

当代大学生不良的人生追求和对社会需求的沉淀性认识导致了大学生的沟通能力与现代社会的期望产生了或多或少的偏离，主要特征表现如下。

（一）忽视沟通能力的培养

在我国的计划经济时代，优秀的学习成绩是父母的唯一期望，因为它是获得一个好工作的前提和必备条件。这样的意识观念至今还影响着相当数量的大学生。他们沉浸于书海，却寡言少语，缺乏甚至逃避与他人交流沟通，不注重甚至不会自我修饰。当他们走向社会时，展示的只是优异的学习成绩和各种证书，反馈回的却是用人单位的叹息声。

（二）个性张扬式的人际关系冷漠

信息社会有两大标志，一是时尚，二是网络。竭力追求各种时尚的大学生在刻意雕塑与众不同的个性表现：金黄色的头发，嘴里溜出难以理解的话语，我行我素，不顾及他人情绪等，这就都导致了他们"鸡立鹤群"。网络已不再仅仅是操作工具，而是某部分人的生活必需品，他们将时间和情感寄托于虚拟的社会中。

人的发展应建立在现实的人与人互动的基础上，但有的大学生沉醉于那种虚假的满足中，他们的人格和交往模式也被那种虚拟环境模糊化了。当回到现实中时，他们都是发号施令者，都要充分地展示自己的个性，可得到的回应仍是自我的"高高在上"，难于融进到群体之中，阻碍了组织团队的建设。

（三）个体文化与组织文化的偏离

文化是人类与社会不断相互作用而积淀的结晶，它具有一定的传承性。但在信息社会时期的社会变迁、阶层流动、文化交流过程中，呈现出一种大学生新新人类文化，他们缺乏我们所期望的勤俭、纯真和理性，更多的是自以为是的"后现代主义文化"的价值取向和行为取向。这样的大学生很难建立可信度，很难构建共同价值观体系，难以获得认同感。

三、沟通魅力的塑造

沟通魅力的塑造应从两个维度进行，一是修炼沟通性情和意识，二是培养沟通能力和技巧。

（一）修炼沟通性情和意识

或许有人会说，人进入社会谁都会沟通，只不过是嘴说说而已，眼睛看看罢了。而现实却绝非如此，我国有句俗话说："一言能使人笑，一言也能使人跳"，讲得就是这个道理。沟通能力的提高建立在每个个体具有良好的自我性情和意识的基础上，具体体现在以下三个方面。

1.认识自我

要说服他人，先要说服自己；要了解他人，先要了解自己。要做到清晰地认识自我，应强化一种勇气：敢于客观地审视自我，敢于承认自己的问题所在。有了这股勇气，才能在静心思考自我的场景下进行自我价值的正确定位，才能从社会认同和社会道德的高度来克服物质自我、精神自我的片面诱惑，真正形成社会自我的修炼体系和意识动机。

2.情绪管理

有一句话说得好："我们没有办法阻止事情发生，但我们可以决定这件事带给我们的意义。"你可以选择"问题"，亦可选择"机会"，结果总是"如你所愿"。但你愿望的实现是一时的冲动所致，还是你的情绪主导的结果？大家所期望的应是后者的理智。大学生要想成为情绪的主人，应摆正一个基本的人生态度：均衡的处世态度，乐观的为人情怀。在心平气和、海纳百川、且慢发作的指引下，你的人际才能是圆融的，你的沟通才会是有效的。

3.换位思考

换位思考就是"理解"别人的想法和感受，从对方的立场来思考问题。要做到换位思考，需要一点好奇心，好奇心能使人暂时放下自己的主观想法去理解别人的观点，了解之后才能真正地开始"换位"，换位之后才能开始相对正确的思考。换位思考可以使沟通更有说服力，同时，也会树立自己良好的声誉。

（二）培养沟通能力和技巧

任何能力都是在后天的学习、塑造中获得、提升的，沟通能力也是如此。一个人不可能完全模仿他人的沟通思想和技巧，但可以塑造自我的沟通能力和技巧。

1. 用理论武装沟通

高等教育的目标是：坚持"德、智、体、美、劳"五育并举，促进学生思想道德、科学文化知识、应用技能、身心素质等各方面的和谐发展，培养学生的个性特长和学习中的创造性，发挥学生健康向上的个性品质，培养适应社会需求的全方位的高素质人才。因此，高校必须对理论课程体系进行变革，与时俱进式地引入先进的理论，如开设管理沟通、人际沟通与礼仪、公共关系学等课程，加强学生对沟通重要性的认识。

2. 用言辞修饰沟通

语言表达恰当的标准是能在恰当的时候和适当的场合用得体的方式表达自己的观点。当你要表述自己的观点、维护自己的立场或听到令人生气地回答时，使用委婉幽默的语言将会使表达效果更好。要具有较好的言辞修饰、表达能力，必须要博览群书，建立自身的语言词库，在言语沟通中提高言辞智商。只有这样，才能在口头沟通、书面写作中有效行事。

3. 用身体语言强化沟通

在日常交流中，在运用口头语言和书面语言的同时，还有运用许多非语言的行为进行的沟通，包括身体动作、姿态、仪容仪表等，这种非语言的沟通方式统称为"身体语言"。身体语言的修炼可从以下方面进行。

第一，用温文尔雅的举止、姿态表现沟通魅力。大学生在学习、工作、生活中，要以规范的标准来要求自身的身体动作和姿态形式（如站姿、坐姿、走姿、手势等），从中反映出自信平和、庄重稳定，表现出优良的道德修养和深厚的文化水平。

第二，用微笑装点沟通魅力。真诚的微笑就像一个"魔力开关"，能立即建立与他人沟通的友好桥梁。微笑使沟通在愉快轻松的氛围中展开，可以消除由于陌生、紧张带来的障碍。微笑可表示出对对方的尊重和真诚，有利于建立大学生的可信度和亲和力。

第三，用服饰修饰沟通魅力。服饰反映一个人的精神面貌、文化素养和审美水平，整齐、得体的服饰可以给大学生的形象增添不少迷人的风采。大学生们要清醒地认识到，在学校或社会中，他们是富有深刻素养内涵的被公众所称赞的审美对象。因此，大学生的服饰应端庄大方，根据不同的时间、地点、场合及对象选择不同的服饰，这样可使大学生的外在形象更趋完美。

4. 用实践锻炼沟通

学校社团是培养沟通能力的最佳舞台。社团常常和企业或其他社会机构联合组织活动，如演出、义卖、知识竞赛等。大学生可以尝试组织活动、主持节目等多种角色，在角色扮演、角色交往、人际冲突中获得丰富的社会体验。此外，利用寒暑假、学习空闲时间到企业实习也是培养沟通能力的有效方式。实习能使大学生熟悉组织文化，了解办公室的生存方式，知道如何与上级、同事相处，掌握每个人的行为方式和管理风格。

第四节　学习能力

一个企业的发展和活力取决于这个企业与员工学习的广度和深度。在学习型企业中，不能把学习看成仅仅是个人行为，而是要把学习作为企业生存和发展的需要。因此，大学生必须具备学习能力才能适应学习型企业的需要。

一、学习能力概述

学习能力是指个体掌握知识并在实践中应用知识的能力。学习能力的内涵包括发现问题和解决问题的能力，收集、分析和利用信息的能力，以及学会分享与合作的能力。

学习能力就是要求个人不仅要学习宽泛博学的知识，还要学会学习的方法，树立终身学习的理念，与时俱进。无论是在大学学习阶段还是职业生涯阶段，人们都必须具备再学习的能力，不断吸纳新的知识、技能，以适应社会发展的变化。

二、学习能力的重要性

在当代社会，学习能力的好坏强弱对一个组织和个体都有着极其重要的意义和作用。我们可以从以下几个方面来重新认识学习能力。

（一）企业与个人成功的奥秘：学习能力强

实践证明，企业或个人的学习能力强，就能够取得成功，创造辉煌。其成功的奥秘在于：一是能够用最短的时间学到新知识，获得新信息；二是加强集体学习能力，能够集思广益，调动大家的积极性；三是能够以最快速度把学到的新知识、新信息、新技术应用于企业或个人的变革与创新，满足市场与客户的需要，取得成功。

（二）掌握学习能力——终身受益

寒窗苦读表面上看学的是些"无用之学"，实则是获取知识、信息和能力的过程。大学里的学习环境比较宽松，如果能够掌握学习能力，养成良好的学习习惯，

(三) 学习能力是第一竞争资本

谁的学习能力强，谁就能在同等条件下赶在竞争对手前面，成为第一赢家。现代人才的一个重要特征就是具有很强的学习能力，这是人才竞争的主要资本。一个不善于学习的人是缺乏竞争力的人，因为在知识经济时代，人与人之间的差异主要是学习能力的差异，人与人"较量"的关键是在学习能力的"较量"，不善于学习的人将会被社会淘汰。

三、提高大学生学习能力的途径

(一) 端正学习态度

一些职场新人对待学习的态度不够端正，表现在思想认识上，主要存在三种误区：

一是认为"工作太忙，很难挤出时间学习"。其实，学习和工作不能截然分开，二者不是非此即彼、互不相容的关系。

俗话说，磨刀不误砍柴工。通过学习提高思想理论水平和业务知识，不仅不会耽误和影响工作，还会提高工作质量和效率。

二是认为"自己有高学历，不用怎样学也能对付过去"。这是一种盲目的优越感。有高学历固然是一种优势，但如果满足于已有的学历，就此止步，那就不可避免地要落伍，甚至被淘汰。因为我们所处的时代是知识经济时代，新知识和新技术层出不穷，学过的知识如不及时更新，就会很快过时。

三是认为"平时看报纸电视，参加团队学习，就足够了"。这也是一种误区，应该明确，在此强调的学习是通过学理论、学业务、学专业技能来提升员工的内在素质，使之成为企业生存和发展的不竭源泉。

只有克服了上述错误认识，有了对知识的热爱，才能使学习成为一种自觉的行动。因此，职场新人必须切实端正学习态度，进一步增强学习的自觉性和主动性。要改变心智模式，用不断学习的积极态度来代替常以人才自居的消极心态。

(二) 树立新的学习理念

首先，要树立学习者生存发展的理念。要充分地认识到，创建学习型企业是强化企业管理、争创一流企业的需要。不学习，不掌握新知识和本领，就不具有生存发展的能力。只有不断加强学习，从中汲取营养，充实知识，提高本领，把全新的生存理念融入各项工作中，才能使企业在激烈的知识竞争中立于不败之地。

其次，要树立学习则强、学习则胜的理念。学习是思考和创造的过程，选择学习就是选择进步。必须把学习作为自身进步的阶梯，把知识作为与时俱进的不竭动力，培养强烈的求知欲望和浓厚的学习兴趣，养成良好的学习习惯，孜孜不倦，永不懈怠。

最后，要树立工作学习化、学习工作化、学习生活化、学习终身化的学习理念。只有不断加强学习，树立终身学习的理念，把学习作为一个永恒的主题，使学习成为一种兴趣、一种习惯、一种需求，才能把学习、工作和生活有机结合起来，达到相互促进、相得益彰的效果。

（三）注重实际效果

职场新人要培养自己的学习能力，必须注重实际效果，在以下三个方面下功夫。

1.学习方式可以灵活多样

学习往往枯燥无味，是一种苦差事。要使学习有兴趣，有实效，可以采用灵活多样的学习方式。如可以向书本学习；可以边干边学，对照工作实际学习；可以向老师傅们请教学习；还可以去上学习班，向专业的老师学习等。

2.要把企业文化理念贯穿于整个学习中

在学习中，要克服为了学习而学习的错误做法，不能把简单的看书、读报、听课当成单一的学习途径，而要把企业文化理念贯穿于整个学习中，把学习融入丰富多彩的企业文化活动之中，寓学于动，寓学于乐，使之产生一种合力，使自己的学习紧紧围绕企业的发展。

3.要养成勤于思考的习惯

学习和思考是相互关联、密不可分的认知过程。从认识论的角度看，只学习不思考，认识的过程就没有完成。思考是学习的继续，思考的过程是对照比较、学以致用、融会贯通的过程，也是理论联系实际不可或缺的重要环节。只有认真思考，才能不断修正、调整、丰富、提高自己。

因此，职场新人要在勤奋学习的基础上，养成勤于思考的习惯，培养思考的能力。只有在孜孜不倦、广泛涉猎的基础上，联系实际，开动脑筋，才可能领悟实质，灵活运用学到的理论和知识，对实际工作、实际问题进行理性思维和科学回答，形成新的想法、新的思路、新的办法，更好地指导工作实践。

第五节　时间管理

一、时间管理概述

时间管理是指在时间消耗相等的情况下，为提高时间利用率和有效性而进行的一系列活动，包括对时间进行有效的计划和分配，以保证重要工作的顺利完成，并能及时处理突发事件或紧急变化。

时间管理不是要把所有事情做完，而是要更有效地运用时间；时间管理不是完全的掌控，而是降低变动性；时间管理的目的除了决定你该做些什么事情之外，另一个很重要的目的是决定什么事情不应该做。

二、浪费时间的表现

时间对于每个人都是平等的，一旦过去再无法追回。那么为什么有些人可以在有限的时间里有所成就，生活得轻松自在、充实快乐；而有些人却整天忙忙碌碌、焦虑紧张、疲惫不堪，致使生活、工作、学习一片混乱。究其原因，我们会发现在琐碎的日常生活中，在不良的习惯下，时间便被不经意地浪费了。大学生浪费时间的表现如下：

（一）犹豫不决，患得患失，瞻前顾后，拖拖拉拉

花许多时间去思考要做的事情，矛盾、担心、难下决定，找借口推迟行动，同时又会为没有完成任务而后悔。

（二）找东西

由于生活没有规律，东西乱丢乱放，浪费大量的时间去找东西。

（三）精力分散，时断时续

不能集中精力做一件事。在完成重要事情时，一旦间断，就要花费时间重新进入状态，因而降低工作效率。

（四）懒惰、逃避

由于自身的惰性而逃避去完成事情，躲进幻想世界，无限期延时。

（五）事无轻重缓急

在众多事情中抓不到重点，缺乏优先顺序，不懂得统筹安排。

（六）不懂授权

一个人包打天下，事无巨细，样样亲力亲为，不会把适当的事情委托他人，寻求协助。

（七）盲目行动

在没有预见、把握和详细计划的情况下盲目行动，往往在实施过程中或完成结果后，还需要重来。

（八）消极情绪

对所做事情产生反感、抵触的情绪，不能全身心地投入。

（九）悔恨或空想

对过去的过错或得失感到悔恨，在记忆里浪费精力；或者凭空想象不切实际的未来，却不去行动。

（十）完美主义

过于追求完美，注重没有必要的细节；反复检查已完成的工作，以至延误之后的进度；对自己求全责备，不懂拒绝。此外，大学生交友频繁、应酬过多、没有重心、面面俱到等做法也会浪费大量的时间。

三、时间管理的基本原则

（一）做事分清轻重缓急

时间管理的精髓在于：分清轻重缓急，设定优先顺序。成功人士都是以分清主次的办法来统筹时间，把时间用在最有"生产力"的地方。面对每天大大小小、纷繁复杂的事情，如何分清主次，把时间用在最有生产力的地方，有三个判断标准。

1.我必须做什么？

这有两层意思：是否必须做，是否必须由我做。非做不可，但并非一定要你亲自做的事情，可以委派别人去做，自己只负责督促。

2.什么能给我最高回报？

应该用80%的时间做能带来最高回报的事情，而用20%的时间做其他事情。所谓"最高回报"的事情，即是符合"目标要求"或自己会比别人干得更高效的事情。

3.什么能给我最大的满足感？

最高回报的事情并非都能给自己带来最大的满足感，均衡才有和谐满足。因此，无论你地位如何，总需要分配时间于令人满足和快乐的事情，唯有如此，工作才是有趣的，并易保持工作的热情。

通过以上"三层过滤"，事情的轻重缓急很清楚了，然后，以重要性优先排序，并坚持按这个原则去做，你将会发现，再没有其他办法比按重要性办事更能有效利用时间了。

（二）做正确的事和正确地做事

管理大师彼得·德鲁克曾经指出：效率是"以正确的方式做事"，而效能则是

"做正确的事"。可见，两者不能偏废。如果出现两者不能兼得的情况，我们首先应先顾效能，然后再想法提高效率。

做正确的事，首先要确定目标。目标能最大限度地聚集你的资源，包括时间。因此，只有目标明确，才能最大限度地节约时间。

正确地做事是指做事的方式。首先，要排列优先顺序，分清轻重缓急；其次，要制订计划，在做事情的时候按计划执行，避免走弯路，做无用功；第三，要选择正确的工作方法，方法正确了，则会事半功倍，方法错误了，则会事倍功半，甚至贻误"战机"。

四、实施时间管理的方法

（一）遇事不拖延

拖延并不能节省时间和精力，恰好相反，它会使你心力交瘁，疲于奔命。不仅于事无补，反而白白浪费了宝贵的时间。因此，要养成遇事马上做的习惯，不仅能克服拖延，而且能占"笨鸟先飞"的先机。久而久之，必然能培育出当机立断的大智大勇。

（二）善用零碎时间

把零碎时间用来处理零碎的事情，从而最大限度地提高工作效率。例如，可将茶余饭后、会前会毕的零碎时间用来学习、思考，或者简短地计划下一个行动等。充分利用零碎时间，积少成多，成年累月地计算下来，将会有惊人的成效。

三国时董遇读书的方法是"三余"："冬者岁之余；夜者日之余；阴雨者晴之余。"即要充分利用寒冬、深夜和雨天，别人歇手之时发奋苦学。并认为"三余广学，百战雄才"。而鲁迅先生则"把别人用来喝咖啡的时间都用在了写作上"。看来，零碎的时间也可以成就大事业。

（三）合理分配时间

当你计划今天的每一件工作时，就必须决定该花多少时间在这上面，这就是"分配时间"。时间分配合理了，你就可以更好更快地完成今天的任务，也可以节约出时间去干其他需要干的事情了。

（四）为意外事件留时间

火车、飞机、公共汽车、轮船等依时间表运行，但依然会有晚点等意外事件，同样的情形也可能发生在你身上。例如，你正在按照计划做事情，忽然又接到其他任务，这种情况下你当天的任务就可能无法完成。但如果你的工作时间留有余地，或有应急计划，就不会因此影响任务的完成。

能力训练

1. 游戏体验

（1）"无敌风火轮"

①游戏类型：团队协作竞技型。

②道具要求：报纸、胶带。

③场地要求：一篇空旷的大场地。

④游戏时间：10分钟左右。

⑤游戏玩法：12~15人一组利用报纸和胶带制作一个可以容纳全体团队成员的封闭式大圆环，将圆环立起来全队成员站到圆环上边走边滚动大圆环。

⑥活动目的：本游戏主要为培养队员团结一致、密切合作、克服困难的团队精神；培养计划、组织、协调能力；培养服从指挥、一丝不苟的工作态度；增强队员间的相互信任和理解。

（2）"齐眉棍"

①游戏类型：团队协作型。

②需要器材：3米长的轻棍。

③场地要求：开阔的场地一块。

④游戏人数：10~15人。

⑤游戏时间：30分钟左右。

⑥游戏玩法：全体分为两队，队员相向站立，共同用手指将一根棍子放到地上，手离开棍子即失败。这是一个看似简单但却最容易出现失误的游戏，意在考察团队是否同心协力。

⑦活动目的：在团队中，如果遇到困难或出现了问题，很多人马上会找别人的不足，却很少寻找自己的问题。队员间的抱怨、指责、不理解对于团队的危害……这个游戏将告诉大家："照顾好自己就是对团队最大的贡献"。提高队员在工作中相互配合、相互协作的能力。统一的指挥加上所有队员共同努力，对于团队成功起着至关重要的作用。

2. 创新思维训练

运用漫画进行创新训练。主要通过欣赏、思考、议论、评价、联想想象、发散迁移的过程，用欣赏完整的漫画、给漫画拟标题等方式进行创新思维。在这种情景刺激下，让学生积极主动地进行思考、交流、感受、感悟，在活动过程中进行创新思维训练。

例如，我们在创新思维时常用一组漫画："地上本无路走的人多了便成了路"，大多数学生都有此知识，但"乱走的人多了，便没有了路"这种相反的结论，却是我们很少考虑的。这种结论很有创意。

第三章　了解规划步骤　实施职业规划

第一节　职业生涯规划的步骤

职业生涯规划是个周而复始的连续过程。一般认为,大学生进行职业生涯规划主要包括以下几个步骤。

一、自我评估

自我评估就是对自己进行全面分析,通过自我分析认识自己、了解自己,因为只有认识了自己,明确了自己的长处,才能正确选择自己要从事的职业,才能选定适合自己发展的职业生涯路线。

自我评估包括对自己的气质、性格、兴趣和能力进行评估,也就是"知己"。弄清"我是谁",是进行职业生涯规划的基础,也是职业生涯规划的难关。认识自己是一件很困难的事,尤其是能认识自己的短处则更加困难,不能准确地认识自己的长处、短处,不能"兴其利,改其弊",也是无法实现自己的职业目标的。

不适当的自我评估包括过高的评估和过低的评估。过高的评估往往使自己脱离现实,意识不到自己的条件限制,甚至自傲狂妄,由自信走向自负;过低的自我评估,往往忽视自我的长处,缺乏自信,过于自卑。过高或过低的自我评估,对自己都是不公正的。在对自己进行评估时,既要看到好的一面,又要看到不足的一面;既要对某一方面的特殊素质进行具体评估,又要对其他各方面的整体素质进行综合评估;既要考虑全面的整体因素,又要考虑其中占主导地位的重点因素。反之,任何一种片面、孤立、不分主次的自我评估,都不可能全面而正确地反映自己的整体素质状况。

在进行自我评估时,只有以客观事实为基础和依据,才有可能使自我评估趋于客观、真实。此外，还应以发展、变化的眼光看待自己，不但对自己的现实素质做出适当、全面、客观的评估，而且应当着眼于未来的发展变化，预见性地评估自己将来的发展潜力和前景。

二、环境分析

每个人的人生目标是在符合社会这个大环境要求的前提下才能得以实现的，在制订职业生涯规划时就必须十分清楚地分析环境，明确社会的价值取向，了解社会政治经济、科学文化、自然环境等方面的态势，才能知道"我可以做什么"，才能使自己的职业生涯规划具有实际意义和可行性，才能做到"顺势而为"。

大学生要从分析家庭、社会环境和职业社会的需求出发，了解市场、行业发展趋势，认清环境为自己带来的有利与不利条件。这里最重要的是政治风云、经济兴衰，还有科学文化潮流、社会时尚，乃至自然灾害、饥荒、瘟疫等，无疑都深刻地影响着我们的职业生涯规划。只有对这些环境因素进行充分了解和深刻分析，才能做到在复杂的环境中避害趋利，使职业生涯规划具有实际意义。

三、确定目标

职业生涯目标是个人对未来职业生活的构想和规划。大学生应当确立明确的职业生涯目标，即明确自己毕业后准备从事什么行业、什么职业。当然，任何人的职业理想都要受到社会环境和社会现实的影响和制约，因此，在确定职业生涯目标时，大学生应当以社会发展的需求为客观依据，以自己的兴趣爱好和能力为主观依据。

在初步确定了自己的职业生涯目标之后，为了使目标具有可行性，可以设计一个相对长期的目标，在具体的大学生涯中，需要对长期目标进行分解，细化成中短期目标，这样才能够有针对性地逐步实现自己的长期目标。

一般说来，大学生应根据大学阶段的不同情况，确定不同的奋斗目标，具体如下：

（一）大学一年级

探索和了解。首先了解自己所就读的专业或者自己理想的专业近几年的就业状况；其次，多与老师、学长等进行交流，了解专业发展情况；再次，多参加学校的活动，增强自己的人际交往能力，发掘自己的潜力；最后，努力打好学习基础，使未来的学习生涯有一个良好的开端。

（二）大学二年级

基本定向。通过一年的学习生活，应该对自己的未来有一个相对确定的方向，如确定自己是考研深造还是就业,要根据不同的情况开展不同的学习生活。在大方向上,有意识地培养自己的能力和综合素质。

(三) 大学三年级

努力和冲刺。这个时候,应该很清楚自己毕业后的去向,要考研、出国或是就业。

(四) 大学四年级

分化决定。首先,要检验自己确定的方向是否明确;其次,要回头看看前三年的准备是否充分;最后,要根据自己的实际情况,积极利用学校提供的条件,扩大自己的目标成效。

四、选择职业生涯路线

职业生涯路线是指一个人选定职业后选择从什么途径去实现自己的职业目标。在职业发展道路中,每个人都有适合自身发展的路径,但彼此各不相同。我们可以选择不同的行业,在同一行业里也可以选择不同的企业,在同一企业里还可以选择不同的岗位和职位。同时,在职业发展道路中还有行政管理路线和专业技术路线两种发展方向可供选择。由于发展路线互不相同,所以在职业生涯规划中,我们必须做出选择,以便使自己的学习、生活和工作沿着设定的职业生涯路线或预定的方向前进。在选择职业生涯路线时,可以根据志向取向、能力取向和机会取向三个方面进行选择(见图3-1)。

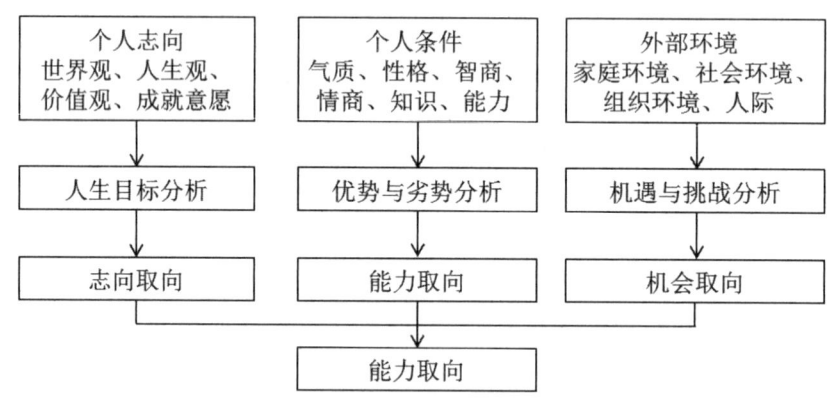

图3-1 职业生涯路线选择图

五、职业生涯规划的实施

"千里之行,始于足下。"制订的规划再好,如果不实施,也是不可能实现既定目标的。这里所说的"实施"就是将完成目标的具体措施付诸行动,对大学生来说,主要包括学习、社会实践、技能培训等。例如,具体学习哪些技能、怎样提高能力、如何开发自己的潜能等，为将来走上工作岗位，实现自己的目标奠定坚实的基础。

六、反馈与修正

在人生的发展阶段，由于社会环境的巨大变化和一些不确定因素的存在，会使我们与原来制订的职业生涯规划有所偏差，这就需要对规划进行修正和适当的调整，以更好地符合自身发展和社会发展的需要。

反馈与修正过程是个人对自己的不断认识过程，也是对社会不断认识的过程，是使职业生涯规划更加有效的有力手段。其内容主要包括以下几个方面：

1. 自我条件重新剖析，即在实践的基础上重新认识自己、分析自己，找到自己的优势与不足。

2. 生涯机会重新评估，即结合现实的组织环境和社会、经济环境，分析自己未来发展的空间及可能性。

3. 职业生涯目标修正，即根据实际情况，重新思考与确定自己的人生与职业发展目标，使其更加切合自己的情况，更加有利于自己的发展。

4. 调整生涯发展策略，即根据新的情况和目标，重新制订和调整生涯发展策略，强化自己的优势，弥补自己的不足。

5. 积极落实新的生涯规划方案，使之进入一个新的规划、实施、反馈与修正期。

第二节　职业生涯规划的误区

由于大学生知识、阅历、思维、能力的一些限制，使得他们在进行职业生涯规划时容易走入误区，主要表现在以下几个方面。

一、忽视职业生涯规划

在校大学生缺乏职业生涯规划意识的现象比较普遍。真正了解职业生涯规划的大学生更是为数不多。据网上问卷调查："你是否对自己的职业生涯有过规划？"，回答"有规划"的只占被调查者的20.1%。一些大学生认为自己尚处于学习阶段，未来有很多不确定因素，不宜过早地进行自我职业生涯的规划，因此造成无目的性的学习，毕业前才临时抱佛脚，为时已晚。

二、把自己的命运交给别人

在职业生涯规划过程中，一些学生过分依赖他人，认为自己涉世不深，对关系到自己未来发展的问题不能自己做主，总希望有人能替他们做出最好的选择与规划。事实上，职业生涯规划最大的特征就是个性化，个人职业生涯规划必须由自己主导，才能付诸实施。其他人的规划会因其各自的成长环境、性格特征、兴趣能力、价值观念等的不同而与自己的实际产生偏离，无论是父母、老师或朋友，只能给予意见和建议，自己的职业生涯必须由自己进行规划。

三、急功近利

由于近年来就业压力越来越大，很多大学生为了将来能有更好的职业发展，一进大学就准备考研，在校与放假期间大部分时间都在学习，很少考虑工作的事情，社会活动也很少参加，怕影响学习；部分学生不根据自己的实际情况，盲目考证或参加培训；更有见异思迁者，一看到社会某种职业收入高，就想从事该种职业，看到另一种职位收入高就又想从事另一种职业，全把自己的规划抛到脑后。这些现象都是急功近利的表现，非但不会加快事业的成功，反而会对职业发展产生负面影响。

四、把职业生涯规划等同于职业选择

职业生涯规划是一个周而复始的连续过程，而职业选择是根据自身兴趣、爱好、能力等因素选择适合自己的职业的过程，简单地讲就是找一份工作。它只是职业生涯规划中的重要一环，并不等同于职业生涯规划。

五、过早放弃

大学生完成职业生涯规划后，在实施职业生涯规划的过程中会遇到很多的困难和各种各样的问题。在此种情况下，一些大学生就会开始怀疑自我的职业生涯规划是否科学，并产生动摇的心理，不继续坚持就过早地放弃目标，改变计划。如此导致一些学生丧失信心，认为计划没有变化快，所以不再去规划，有走一步算一步的想法，影响自己职业生涯的发展。

第三节　职业生涯规划的调整

随着时代的进步，科技信息飞速发展，社会政治、经济、文化等各个方面也在不断地变化发展，这就会对我们的职业生涯产生一定的影响，因此，在职业生涯规划实施的一定阶段，应根据实际情况对自我的职业生涯规划进行调整。

一、职业生涯规划调整的必要性

调整职业生涯规划的必要性主要体现在以下三个方面：

首先，职业生涯规划是一个动态的概念，需要不断根据内外的变化做出调整。职业生涯规划不是一劳永逸的，事物都是处在运动变化中的，职业生涯规划同样需要随着时间的推移进行相应的变化。大学生正处在对自己、对社会的逐步认识过程中，自身的价值观也正处于逐渐成熟的时期，加之现实的种种不确定因素，已经制订的职业生涯规划有时会因实际情况而有所偏差，这就需要及时对规划做出调整，从而保证个人的职业生涯顺利发展。

其次，职业生涯的不同阶段会面临不同的机遇和挑战。适时地调整可以让特定阶段的目标更现实可行。职业生涯目标是分阶段的，每个阶段都面临着无数不可预测的因素。由于自身和外部环境条件的变化，人们需要根据一定的期望或新的需要对规划进行调整。如个人计划的改变、家庭的突发事件、婚姻状况的变化，等等，都会对个人有所影响，大学生们应该认识到如何调整目标、计划及行动，以适应种种变化。

最后，职业生涯规划的调整有利于实现自我价值的最大化。进行职业生涯规划的目的，是希望自己的时间得到最有效地利用、能力得到最大限度的发挥，自我价值得到充分地实现。人的一生中，其兴趣、能力及目标是会随着年龄的增长而有所变化，随着个人知识、能力、经验、阅历及自信心等的增长，个人对自己的期望也越来越高，进而会对自己的职业生涯提出更高的要求，这个不断积累、不断提升的过程，有利于最大限度地实现自我价值。

二、调整职业生涯规划的时期

每个人职业发展的进程各不相同，其目标的实现程度也有所差别，每个人的职业生涯中，至少有四个时期会陷入"认不清发展道路"的迷雾中，会突然感觉到过去对社会、对工作、对自己的认识似乎发生了某些错误，而自己长期养成的行为习惯好像变成了事业的"绊脚石"，想改变自己，又不忍心放弃过去的付出，想变换生活方式，又担心新的选择未必最适合自己。而此时恰恰就是需要对自己的职业生涯规划进行调整的时期。这四个时期分别是：

（一）第一个时期（14~22岁）

在这个阶段，个人承担学生与求职者双重角色。主要的疑问是："我是谁？""我能做什么？"迷茫的主要原因是缺乏自信和社会经验。此时，可以通过不断地进行知识积累，拓展视野；通过各种科学的方法和测评，深入了解自己、客观评估自己；通过向家人、老师及专业人士咨询，获取有价值的可行性建议，进而做出职业生涯规划。

(二) 第二个时期（22~28岁）

这一时期个人进入工作领域，逐渐熟悉组织文化，了解组织内情，建立初步的人际关系网后，开始衡量组织所提供的信息，如工作环境、职业种类、待遇等与自己的"职业梦想"是否匹配，开始偏重于提升或是更长远的发展。主要的疑问是："理想和现实不相符，我是不是需要重新选择？"迷茫的主要原因是个人的发展目标与组织提供的机会和职业通路不一致。

这一时期需要重新检查自己的职业目标，更进一步确定自己真正喜欢行业和工作应该是怎样的，并调整下一职业发展阶段的目标和前景，适时地抓住下一个职业发展机遇。

(三) 第三个时期（28~35岁）

这是个人职业发展的重要阶段。这个阶段，个人积累了比较丰富的经验，承担起工作的责任，发挥并发展自己的能力，为提升或进入其他职业领域打基础。这一阶段属于稳中求进的时期，主要的疑问是："选择稳定的生活状态，还是选择继续提升或第二次创业。"

这一时期是最需要"充电"的时期。大学生已经在社会上闯荡了两三年，知道自己缺什么。要什么，所以迫切需要充电，根据需要来提升自己。这一阶段就会像海绵一样吸取东西。因此，这一时期可以安排继续学习的计划。

(四) 第四个时期（35~45岁）

主要的疑问是："接下去的岁月，应该做些什么？"有些人可能会成为管理者或咨询顾问；有些人可能仍然保持着自己原来的工作，继续专业钻研，保持技术权威地位；还有一些人，可能要被提升承担更大的责任，可能要被组织转换到另一横向职业领域，有的离开组织。在机会面前，很多人不敢贸然决定，因为从心理上理解了人生的有限，而自己也开始重新衡量事业和家庭生活的价值。在大约35~45岁之间，会发生职业生涯危机，这正是人们通常说的"中年危机"。

"中年危机"是大部分上班族可能面对的问题，但正好也借此时对自身未来生涯再做一次思考。这个过程需要综合考虑多方面的因素，如行业专业知识、经济能力、家庭负担状况、人脉积累、心理承受能力，等等。进而确定自己未来时期的职业发展规划。

第四节 职业生涯规划的范例

一、职业生涯规划表

下面是两份职业生涯规划表，一份是为大学生设计的（见表3-1），一份是企业组织针对企业员工的（见表3-2）。表的总体目标意义大于实际意义，且不同于具体的实施计。

表 3-1　个人职业生涯规划表（学生）

班级：　　　　学号：

姓　名		性　别		年　龄	
学　历		专　业		政治面貌	
个人特长			职业选择		
个人经历	主要教育经历				
	主要工作经历				
	主要培训经历				
环境分析	经济环境				
	社会环境				
	组织环境				
职业生涯目标	人生目标				
	长期目标				
	中期目标				
	短期目标				
计划与措施	人生目标				
	长期目标				
	中期目标				
	短期目标				
评估与调整方案					
其它需要说明的问题					

职业生涯规划人（签字）：　　　　　　　　　　　　　　年　月　日

表 3-2 个人职业生涯规划表（员工）

姓　名		性　别		年　龄	
所在部门		政治面貌		婚姻状况	
学　历		专　业		职业选择	
个人经历	主要教育经历				
	主要工作经历				
	主要培训经历				
环境分析	经济环境				
	社会环境				
	组织环境				
职业生涯目标	人生目标				
	长期目标				
	中期目标				
	短期目标				
计划与措施	人生目标				
	长期目标				
	中期目标				
	短期目标				
评估与调整方案					
所在部门主管审核意见					
人力资源部门审核意见					
其它需要说明的问题					

职业生涯规划人（签字）：　　　　　　　　　　　　　　　　　　年　月　日

值得注意的是，在确定职业生涯目标时，要明确写出具体目标完成的时间。一般在短期计划与措施中，应写出近两年的具体实施措施；中期计划与措施，应写出三年到五年的具体实施计划；而长期规划与人生规划中，要制订的是五年以上的行动方案。完成职业生涯目标的规划是一个系统的工程，也是一个整体的工程，如果不能瞻前顾后，考虑全面，这个规划也就失去了原有的意义。

二、职业生涯规划书范例

【范例一】
大学生职业生涯规划
一、引言

对每个人而言，职业生命都是有限的，若不进行有效的规划，势必会造成时间和生命的浪费，对于盲目航行的船来说，所有的风都是逆风。职业生涯规划是减少那些盲目行为的有效的手段。

二、自我分析

（一）兴趣分析

通过霍兰德职业兴趣测评，我属于社会型。是易接受，利他的，细心的，易合作的，富有同情心的，友好的，感性的，随和的，负责的，理解的，负责的一种人。具备社交能力，热衷社会关系和助人。喜欢与人合作，热情关心他人的幸福，愿意帮助别人成长或解决困难，为他人提供服务。服务社会与他人，公正，善于理解他人，有平等思想。

自我鉴定：我偏爱商业活动，愿意冒险，喜欢挑战，在竞争中不断成长。在技能方面，喜欢探险，喜欢运动，喜欢舞蹈。

通过以上分析，适合的岗位有：演员、营销师、导游等。

（二）性格分析

1.MBTI的测评结果：外向，感觉，情感，知觉

成功愿望：51%

影响愿望：32%

挫折承受：60.6%

人际交往：65.4%

2.我的优势：工作时精力充沛，充满活力和乐趣；对迅速发生的改变适应良好；喜欢自然，有团队精神；对人的需要敏感，渴望以真正的方式帮助别人；具有使工作有趣，让人兴奋的能力；有丰富的常识；忠于自己所关心的人和组织；有上进心，在工作中容易创造一个生机勃勃，充满乐趣的氛围；愿意冒险和尝试新事物；渴望合作，以真实准确的方法帮助人；有稳定平和的心态；有彻性，在困境中不容易放弃。

3.我的不足：难以独自工作，尤其是持续一段时间的独自工作；以表面价值接受事物，容易忽略深层潜在的信息；时间管理上不够合理；难以做出决定；不

喜欢过多的条条框框和官僚作风；冲动，容易被诱惑和迷惑；如涉及个人感情问题难以做出有逻辑的决定；对容易失败和没有把握的事情感到紧张和压力。

4.岗位特质：

（1）喜欢在轻松友好的环境里工作，能和他人一起积极地工作，善于将工作变得丰富、充满乐趣。

（2）能够不断地从实际经验中学习，通过搜集具体而细致的资料，从中发现自己的不足和解决问题的办法。

（3）能够促进大家的合作，充分调动他人的能力和热情，灵活处理人际关系和突变。

（4）工作有自我发挥的空间，少受层级结构、规则和条条框框的限制。

（5）可以和客户直接打交道，深入参与和实践，而不愿意被排除在外。

5.他人鉴定：

朋友：热情，守信，真诚，随和，富有想象力。

长辈：懂事，有韧性。

老师：有创造力，喜欢思考，认真的负责的。

6.自我鉴定：

我喜欢和人打交道，喜欢创新，重视"人"，喜欢轻松的氛围。

鉴于以上分析，适合的岗位有：教师、广告设计师、心理咨询师、导游等。

（三）能力分析

动手能力、接受能力较强，较能吃苦耐劳。喜欢采纳别人的意见，吸取经验教训，我的口头表达能力较强，有较强的心理承受能力，能坦然接受别人对我的批评和建议。

（四）优缺点分析

优点：认真仔细，心地善良，人品端正，有上进心，乐于学习，谦虚谨慎，关心别人，脚踏实地。

缺点：缺少经验，有点爱玩，感情用事，遇事有点犹豫。

三、环境分析

（一）家庭环境分析

我来自一个单亲的家庭，母亲是我眼中最伟大的人，她用她的爱让我生活得很开心、很快乐，所以铸造了我开朗活泼的性格。她尽其所能为我提供优越的生活条件和生活环境，供我学习，希望我以后能够出人头地，找到一份好工作。家里人一直都支持我，相信在事业上也会全力支持我的。

(二) 学校环境分析

刚步入大学的殿堂，感受到了其与高中完全不同的教学模式。大家都是靠自己自觉学习，大学是一个小型的社会圈，更是一个熔炉，让我学会了怎样去妥善处理好人际关系，大学是培养我们独立的，没有人会逼你去学习。大学给了我充分展示才能的舞台，给了我学会照顾自己和与别人相处的机会。

(三) 行业环境分析

衣、食、住、行是人类生活的四大元素。人们把"衣"放在首位，可见衣服对于我们的重要性。中国人口十四亿，庞大的人口基数本身就组成了一个庞大的服装消费市场。中国市场进入精品消费时代，服装消费不再仅仅为了满足其最基本的生存需求，将向更高的心理需求——自我满足需求跃进，特别是几千万人口跨入中产阶级后，其对反映自身社会地位和品位的服饰的需求将越来越迫切，这将会成就一批抓住了该阶层需求的服装品牌。国内服装市场将越做越大，市场细分将越来越小，但今后国内服装市场的消费趋势将集中在精品化和个性化上。

四、目标确定阶段

(一) 短期的职业目标 (2010年～2012年)

在学校期间充分利用校园资源条件优势，认真学好专业知识，培养学习能力，生活能力，全面提高个人的综合素质和能力，以理想的成绩获得院校的毕业证。

(二) 中期的职业目标 (2012年～2014年)

在有了稳定的工作以后，自己有了经验，手头也有些资本，独立开店，自己当老板，经过五年的努力，把品牌店扩大。

(三) 长期的职业目标 (2014年～2019年)

在自主创业的过程中，不断地学习新知识，让自己成为一名成功出色的商人，用科学的管理方法管理自己的公司，多多跟这一方面的行业精英进行交流沟通，汲取经验，创立自己的品牌。

五、职业计划实施

(一) 大学期间

1. 学业方面：以"厚德博学筑基建立"严格要求自己；努力攻读专业课，广泛涉猎各类知识。争取拿到奖学金，考取一些以后想要从事的职业的相关资格证书。

2. 人际交往方面：积极发展和扩大自己的社交圈，提高交际能力，结交几位知心朋友。

3.社会实践方面：积极参加学校、班级组织的各项活动，参加志愿服务，积极参加社会实践活动，向学长学姐们多一些交流沟通，吸取他们在学习上的经验教训。参加名人名师的讲座，摄取学术精华，创造机会做些兼职，锻炼自己，以此积累工作经验。

如表3-3所示，为具体到各个学年的计划。

表3-3 大学各学年计划实施

年级	致力方向	目的	具体目标
大一上学期	学习与课外活动（不影响学习的情况下）	提高交际能力，学会怎么和别人相处，适应新环境，从中学被动式的学习向大学的主动式学习的转变	进入班委、系学生会学习交流
大一下学期	基础课程和活动相结合	为大二学习专业知识提供基础，并在学习和活动之间相协调	在班委、学生会和社团活动中寻求更多机会，提高自己跟方面的能力
大二	专业知识学习	提高专业知识水平，为毕业后工作奠定基础	参加一些职业证书的鉴定考核，如市场营销证书，注册会计证等
大三	实践	积累实践经验，为以后更多的工作机会做铺垫	在实习过程中体验社会，并通过至少两项事业证书的考核

（二）步入社会后

在工作中从小事做起，注重团队合作的重要性，不断取得和自己以后计划从事职业相关的工作经验，为职业的发展做好准备。同时注重自己的人际交往，发挥自己的主观能动性，充分展现自我！合理安排休闲时间，以保持健康的身心和充沛的经历，更好地工作和学习，树立长远观念。

六、规划的修改和完善

随着社会的迅速发展和环境的变化在校期间要不断调整自己，将自己的规划不断完善；毕业走上岗位后要根据实际情况进一步完善，也做好将自己的原有计划打碎，重新组合排列的心理准备，以适应新形势，创造新价值。

七、结束语

人的一生同样经历春、夏、秋、冬。同样变幻无常，在春的播种季节，不要忘记辛勤耕耘，才有秋天硕果压满枝的收获。记得对新的一年的规划，未雨绸缪有助于更好的发展。

【范例二】

我的十年职业生涯规划

每个人都有自己的理想，而只有理想不去行动，理想就会变成空想。我要设计实现理想的过程，并去为之奋斗。以下是我近十年的职业生涯的设计。我的年龄设计在20~30岁这十年里。

一、20~24岁

在大学学习期间的规划如下：

（一）对于我的专业课

一定要做到理解并熟练掌握专业技术，平时要注意培养上机的实际操作能力，因为对知识的理解与实际操作的熟练程度毕竟是有距离的，熟练操作对高职生尤为重要。三年后，必须在专业方面掌握1~2门技术，这样才能比较容易地适应工作岗位的需要。在毕业前，要取得计算机网管的证书和其他相关证书，如计算机水平等级考试证书等。

（二）在英语方面

在大一下半学期报考A级考试，虽然对于我这个刚上大一的学生是一种极大的考验，但我还是要去尝试，经过自己的努力来看看自己的成果！我想，只要真的尽力，即使没有通过，也不会后悔，毕竟没有失去这次难得的机会！如果这次失败了，则一定要在暑假期间努力，争取在大二的上学期里通过英语A级考试了，然后再争取在大学毕业前取得英语四级证书。

（三）在课余期间

多参加学校组织的各项活动，这样可以提高自己的交往能力，也可以使自己的课余生活更加丰富有趣。多培养自己的爱好，把爱好运用到学习中去，这样可以提高学习效率。多到图书馆和图书大厦等地方看与自己专业有关的书籍，阅读一些中外名著和关于人生哲理的书籍，同时关注现在社会的发展形势和国家的热点和焦点问题。

在寒暑假期间，要参加社会实践，不在乎能赚多少钱，重要的是让自己慢慢接触社会和了解社会，积累一些工作经验。

二、24~27岁

大学刚刚毕业，在找工作方面，我不想把自己的职业目标定得过高，那样不现实，更不容易实现，毕竟作为一个刚刚离开校园的大学生来说，第一份甚至前几份工作就是主管一级的职位是不可能的，在每个公司里都需要网络管理的高级人员和普通人员，我想先在一家公司里做一名普通的职员，了解在公司工作需要懂得的知识，学会一些在实际工作中运用的技术，真正地掌握一些操作技术和管理公司网络的方法。在公司期间，我将继续学习一些关于网络方面的技能。由于信息技术飞速发展，只有在学校学到的知识是远远不够的，因此要不断地学习新知识，不断充实自己，才会跟得上社会前进的步伐。

三、28~30岁

在工作几年后，对工作有了一些经验，在网络管理方面也掌握了一些技术。在这几年里，我要做一家公司的网络主管人员，利用在学校学到的知识和在公司学到的技术，设计一些管理公司网络的合理方案。当上主管后，更要充实自己的知识，时刻观察信息技术的动态，这样才能胜任自己的工作岗位，才能出色地完成工作。

第四章 认清就业形势 端正就业观念

第一节 当前大学生的就业形势

21世纪前20年是我国调整产业结构、转变经济增长方式的关键时期，又是逐步完善社会主义市场经济体制的关键时期，就业总量压力巨大。随着高校毕业生的逐年增加，大学生面临的就业竞争愈加激烈、就业形势日益严峻。

一、就业结构的重大变化

随着工业化进程和经济结构调整步伐的加快，我国的就业结构发生了巨大变化并日趋合理。这些变化包括：产业结构发生重大变化，非农产业比重超过农业；传统行业的就业机会减少，新兴行业则增多；随着国家和集体单位从业人员的不断减少，就业的所有制结构发生了巨大变化；女性就业结构明显变化。

我国就业结构变化将呈现以下特点：

（一）第三产业成为增加就业的主要部门

自改革开放以来，我国二、三产业从业人员逐年攀升。在20世纪80年代中前期，第二产业从业人员增长较快，其就业比重基本持续上升，高于第三产业；到20世纪80年代中后期，第三产业从业人员增长速度较快，开始超过第二产业。从20世纪80年代后期起，第三产业劳动力不管是绝对数还是增长速度都高于第二产业，尤其是批发零售餐饮业、社会服务业等行业增长较快。这些劳动密集型行业蕴藏着吸纳劳动力的巨大潜力，在新的时期，第三产业将持续成为增加就业的主要部门。

（二）非公有制经济成为吸纳就业的重要渠道

近年来，非公有制经济发展迅速。与此同时，从业人员也出现相同现象，即公有制从业人员日渐减少，非公有制从业人员大幅增长，就业结构发生较大变化。从总劳动力来看，公有制经济的从业人员近十多年来出现锐减趋势，而非公有制经济，尤其是个体、私营企业人员增长迅速，它在总从业人员中的所占比重逐年提高。随着个体、私营企业的不断壮大，非公有制经济将继续成为今后就业者选择的重要渠道，成为增加国家就业机会的新增长点。

（三）劳动力逐渐向资本、技术密集型行业聚集

从制造业的发展趋势来看，劳动密集型的传统行业仍然是吸纳劳动力的主要行业，但传统行业从业人员比重不断下降，而资本、技术密集型行业的劳动力比重持续攀升，劳动力从传统行业向资本、技术密集型行业聚拢。近年来，这些行业的劳动力数量都出现增长趋势。

二、大学生面临的就业形势

近年来，全国高校毕业生人数屡创新高，其就业形势却不容乐观。2016年毕业季已经结束，高校毕业生达到历史新高765万。2017年招聘季即将到，预计本年度700多万大学毕业生。再加上出国留学回来及没有找到工作的往届毕业生，将近有1000万大学生同时竞争。

（一）客观形势

1. 毕业生数量大幅增长

近些年，高校的持续扩招使高校毕业人数逐年递增，毕业生供需矛盾突出成为大学生就业时面临的严峻问题。2001年突破100万，2004年突破200万，2005年突破300万，2007年突破400万，2008年突破500万，2011年突破600万，2016年突破700万，2017年795万……这是新世纪以来全国普通高校毕业生的一组关键数字。2017年大学生就业形势依然严峻。

由于高校毕业生数量逐年增长，加上金融危机和国际经济环境的影响，毕业生的就业形势日趋严峻，就业竞争不断加剧，大学生就业难的问题越来越突出，成为家庭、学校、社会关注的焦点。

2. 我国经济发展新增的就业岗位极其有限

据统计，2007年全国普通高校毕业生中有145万待业；2008年有173万毕业生待业；2009年有196万毕业生待业；2010年有175万毕业生待业；2011年毕业的大学生中，有近57万人处于失业状态，10多万人选择"啃老"，全年通过经济增长能够提供的新增就业岗位总数仅约为1200万个，需要就业的人员总数超过

2500万人；2012年，全年通过经济增长能够提供的工业和服务业新增就业岗位突破2500万个，但城镇需要安排的就业人数就达到2500万人，还有900万～1000万的农村富余劳动力需转移就业，因此大学生的就业形势依然不容乐观。

3.应届毕业生不受青睐

近年来，部分企业出于工作效率及员工培训成本等方面的考虑，很少招收应届毕业生。其原因有二：一方面，应届毕业生工作经验不足，无法独立完成工作，需花费较高的培训成本；另一方面，应届大学生的工作心态不稳定，频繁跳槽，流失率高，可能给企业带来损失。

4.热门专业人才过剩

很多大学生在入学选择专业时，往往热衷于高薪行业的相关专业，这就造成这些热门专业的学生数量增多。同时，一些具有专业特色的高校为追求综合发展，纷纷开设热门专业，使得热门专业的人才供大于求。而一些高校部分专业的教学资源不足，教师水平有限，造成这些热门专业的学生知识技能不精，缺乏市场竞争力，从而无法在热门行业中脱颖而出，求得理想的职业。

5.就业机会不均等

当前，大学生是通过"自主择业""竞争择业"等途径来实现自身就业的。由于就业市场的法律法规尚不完善，而"自主择业"又存在着激烈的竞争，一些地区的"关系就业"成了普遍存在的现象。这干扰了就业市场"公平、平等、竞争、择优"的原则，造成虽然具有同等教育程度，但就业机会却常常因为家庭、经济背景、地域的差异和名校效应而大有不同的现象。

此外，就业市场中的性别歧视也一直存在。尽管我国《劳动法》明确规定"妇女享有与男子平等的就业权利"，但实际上，很多优秀的女大学生通过降低自己的就业期望值获取的就业岗位与男生在岗位层次上还是存在着一定的差异，工资待遇与男生相比普遍较低，甚至出现了"同工不同酬"，女生遭遇拒绝、冷落等歧视现象。据有关资料显示，80%的女大学生在求职过程中遭遇性别歧视，有34.3%女生有过因性别原因被拒的经历。还有一项来自厦门大学叶文教授的调查显示，在相同的条件下，女大学毕业生的就业机会只有男大学毕业生的87.7%。

我们在网上随手点开一些招聘信息中发现的类似于以下条款的招聘信息俯拾皆是。据不完全统计，我国90%以上的招聘信息均含有就业歧视条款。在选拔人才的其他环节上，用人单位对学历、身高、相貌等进行限制歧视的事件，更是数不胜数。

（二）主观因素

大学生所处的年龄阶段决定了其在阅历、观念等方面有一定的局限性，这使得大学生在求职就业过程中表现出种种与社会实际不合拍的现象，这是大学生面临就业所无法回避的问题。

1. 过分强调专业对口

有些大学生对自己所学的专业情有独钟，认为父母全力以赴地供养自己上了大学，就是为了学习心仪的专业。他们通常狭隘地认为职业必须与所学的专业对口，过分地强调学以致用。具体表现为寻找职业时优先考虑是否与所学专业对口，择业局限性大，因而往往遭遇失败；若从事职业与专业不对口，就觉得不理想、不踏实，上岗缺乏干劲，有投错"佛门"的感觉。

2. 期望不合时宜

有些大学生就业前很少接触社会，他们认为自己历经"十年寒窗"，有知识、有能力、懂技术，择业时明显表现为热衷寻找较为稳定、经济收入较高、地域条件较好、环境舒适的"实惠"企业，而事实上，他们的知识技能还远不能达到所期望职业的现实要求，因此出现"高不成，低不就"的现象。

3. 安于舒适，不愿到艰苦的地方就业

有些大学生出生在比较富裕的家庭，家庭经济收入比较稳定，因而社会交际面相对比较广泛，有一定的社会基础。学生本人在社会上经风沐雨的机会少，在意志上往往表现出脆弱、胆怯，在行动上往往表现为只愿去舒适、优越的岗位就业，宁肯待业，也不愿意到艰苦、单调的岗位就业。

4. 心境浮躁，行动盲从

有些大学生入校时成绩平平，学习中虽然努力拼搏，但专业成绩并不突出。通过几年的大学生活，虽然具备一些特长，但却有些华而不实。因此，当他们步入社会，寻求职业时，就会表现出心境浮躁，不确定自己的择业方向与发展目标，甚至对前途感到迷茫，一时不知所措，因而频繁更换职业。

第二节　我国大学生就业政策

一、我国大学生就业的基本政策

2014年6月11日，教育部公布《2014年国家鼓励高校毕业生就业创业新政策》，具体内容如下。

（一）鼓励高校毕业生到城乡基层就业的政策

1. 各地区要结合城镇化进程和公共服务均等化要求，充分挖掘教育、劳动就业、社会保障、医疗卫生、住房保障、社会工作、文化体育及残疾人服务、农技推广等基层公共管理和服务领域的就业潜力，吸纳高校毕业生就业。

2.各地区要结合推进农业科技创新、健全农业社会化服务体系等，引导更多高校毕业生投身现代农业。

3.继续统筹实施好大学生村官、"三支一扶"等各类基层服务项目，健全鼓励高校毕业生到基层工作的服务保障机制。高校毕业生到中西部地区和艰苦边远地区县以下基层单位就业的，实行学费补偿和助学贷款代偿政策。

4.高校毕业生在中西部地区和艰苦边远地区县以下基层单位从事专业技术工作，申报相应职称时，可不参加职称外语考试或放宽外语成绩要求。

5.充分挖掘社会组织吸纳高校毕业生就业潜力，对到省会及省会以下城市的社会团体、基金会、民办非企业单位就业的高校毕业生，所在地的公共就业人才服务机构要协助办理落户手续，在专业技术职称评定方面享受与国有企事业单位同类人员同等待遇。

（二）鼓励小型微型企业吸纳高校毕业生就业的政策

1.各地区、各有关部门要认真落实《国务院关于进一步支持小型微型企业健康发展的意见》（国发〔2012〕14号），为小型微型企业发展创造良好环境，推动小型微型企业在转型升级过程中创造更多岗位吸纳高校毕业生就业。

2.对小型微型企业新招用毕业年度高校毕业生，签订1年以上劳动合同并按时足额缴纳社会保险费的，给予1年的社会保险补贴。

3.科技型小型微型企业招收毕业年度高校毕业生达到一定比例的，可申请最高不超过200万元的小额担保贷款，并享受财政贴息。

4.对小型微型企业新招用高校毕业生按规定开展岗前培训的，要求各地根据当地物价水平，适当提高培训费补贴标准。

（三）激励高校毕业生自主创业的政策

1.2014～2017年，在全国范围内实施大学生创业引领计划。通过提供创业服务，落实创业扶持政策，提升创业能力，帮助和扶持更多高校毕业生自主创业，逐步提高高校毕业生创业比例。

2.各地要采取措施，确保符合条件的高校毕业生都能得到创业指导、创业培训、工商登记、融资服务、税收优惠、场地扶持等各项服务和政策优惠。

3.各高校要广泛开展创新创业教育，将创业教育课程纳入学分管理，有关部门要研发适合高校毕业生特点的创业培训课程，根据需求开展创业培训，提升高校毕业生创业意识和创业能力。

4.各地公共就业人才服务机构要为自主创业的高校毕业生做好人事代理、档案保管、社会保险办理和接续、职称评定、权益保障等服务。

5.各地区、各有关部门要进一步落实和完善工商登记、场地支持、税费减免等各项创业扶持政策。拓宽高校毕业生创办企业出资方式，简化工商注册登记手续。

6.鼓励各地充分利用现有资源建设大学生创业园、创业孵化基地和小企业创业基地，为高校毕业生提供创业经营场所支持。

7.对高校毕业生创办的小型微型企业，按规定落实好减半征收企业所得税、月销售额不超过2万元的暂免征收增值税和营业税等税收优惠政策。

8.对从事个体经营的高校毕业生和毕业年度内的高校毕业生，按规定享受相关税收优惠政策。

9.留学回国的高校毕业生自主创业，符合条件的，可享受现行高校毕业生创业扶持政策。

10.各银行业金融机构要积极探索和创新符合高校毕业生创业实际需求特点的金融产品和服务方式，本着风险可控和方便高校毕业生享受政策的原则，降低贷款门槛，优化贷款审批流程，提升贷款审批效率。通过进一步完善抵押、质押、联保、保证和信用贷款等多种方式，多途径为高校毕业生解决反担保难问题，切实落实银行贷款和财政贴息。

11.在电子商务网络平台开办"网店"的高校毕业生，可享受小额担保贷款和贴息政策。

12.充分发挥中小企业发展专项资金的积极作用，推动改善创业环境。鼓励企业、行业协会、群团组织、天使投资人等以多种方式向自主创业大学生提供资金支持，设立重点面向扶持高校毕业生创业的天使投资和创业投资基金。对支持创业早期企业的投资，符合条件的，可享受创业投资企业相关企业所得税优惠政策。

（四）促进离校未就业高校毕业生就业的政策

1.各地区要将离校未就业高校毕业生全部纳入公共就业人才服务范围，采取有效措施，力争使每一名有就业意愿的未就业高校毕业生在毕业半年内都能实现就业或参加到就业准备活动中。

2.有关部门、各高校要密切协作，做好未就业高校毕业生离校前后信息衔接和服务接续，切实保证服务不断线。教育部门要将有就业意愿的离校未就业高校毕业生的实名信息及时提供给人力资源社会保障部门。人力资源社会保障部门要建立离校未就业高校毕业生实名信息数据库，全面实行实名制就业服务。

3.各级公共就业人才服务机构和基层就业服务平台要及时主动与实名登记的未就业高校毕业生联系，摸清就业需求，提供有针对性的就业服务。教育部门和高校要加强对离校未就业高校毕业生的跟踪服务，为有就业意愿的高校毕业生持续提供岗位信息和求职指导。

4.各地区要结合本地产业发展需要和高校毕业生就业见习意愿及需求，扩大就业见习规模，提升就业见习质量，确保凡有见习需求的高校毕业生都能得到见习机会。要根据当地物价水平，适当提高见习人员见习期间基本生活补助标准。高校毕业生见习期间参加职业培训的，按现行政策享受职业培训补贴。

5.各地区要继续推动离校未就业高校毕业生技能就业专项行动，结合当地产业发展和高校毕业生需求，创新职业培训课程，提高职业培训的针对性和实效性。在高校毕业生集中的城市，要提升改造一批适应高校毕业生特点的职业技能公共实训基地。国家级重点技工院校和培训实力雄厚的职业培训机构，要选择一批适合高校毕业生的培训项目，及时向社会公布。

（五）加强就业指导和服务的政策

1.各地区、各有关部门、各高校要根据高校毕业生特点和求职需求，创新服务方式，改进服务措施，提高服务质量，促进更多的高校毕业生通过市场实现就业。

2.加强网络信息服务，建立健全全国公共就业信息服务平台，加快招聘信息全国联网，更多开展网络招聘，为用人单位招聘和高校毕业生求职提供高效便捷的就业信息服务。

3.积极开展公共就业人才服务进校园活动，为高校毕业生送政策、送指导、送信息，特别是要让高校毕业生知晓获取就业政策和岗位信息的渠道。

4.精心组织民营企业招聘周、高校毕业生就业服务月、就业服务周、部分大中城市联合招聘高校毕业生专场活动和每季度的全国高校毕业生网络招聘月等专项服务活动，搭建供需信息平台，积极促进对接。

5.高校要加强就业指导课程和学科建设，积极聘请专家学者、企业人力资源经理、优秀校友担任就业导师。

6.各地区、各高校要将零就业家庭、优抚对象家庭、农村贫困户、城乡低保家庭以及残疾等就业困难的高校毕业生列为重点对象实施重点帮扶。

7.要在高校毕业生离校前，将享受城乡居民最低生活保障家庭的毕业年度内高校毕业生的求职补贴全部发放到位，求职补贴标准较低的要适当调高标准。

8.鼓励各地结合本地实际将残疾高校毕业生纳入享受求职补贴对象范围。党政机关、事业单位、国有企业要带头招录残疾高校毕业生。

9.离校未就业高校毕业生实现灵活就业的，在公共就业人才服务机构办理实名登记并按规定缴纳社会保险费的，给予一定数额的社会保险补贴，补贴数额原则上不超过其实际缴费的2/3，最长不超过2年，所需资金从就业专项资金中列支。

（六）创造公平就业环境的政策

1.各地区、各有关部门要积极采取措施，促进就业公平。用人单位招聘不得设置民族、种族、性别、宗教信仰等歧视性条件，不得将院校作为限制性条件。省会及以下城市用人单位招聘应届毕业生不得将户籍作为限制性条件。

2.国有企业招聘应届高校毕业生，除涉密等特殊岗位外，要实行公开招聘，招聘应届高校毕业生信息要在政府网站公开发布，报名时间不少于7天；对拟聘人员应进行公示，明确监督渠道，公示期不少于7天。

3.各地区、各有关部门要严厉打击非法中介和虚假招聘，依法纠正性别、民族等就业歧视现象。加大对企业用工行为的监督检查力度，对企业招用高校毕业生不签订劳动合同、不按时足额缴纳社会保险费、不按时支付工资等违法行为，及时予以查处，切实维护高校毕业生的合法权益。

4.各地区、各有关部门要消除高校毕业生在不同地区、不同类型单位之间流动就业的制度性障碍。省会及以下城市要放开对吸收高校毕业生落户的限制，简化有关手续，应届毕业生凭《普通高等学校毕业证书》、《全国普通高等学校毕业生就业报到证》、与用人单位签订的《就业协议书》或劳动（聘用）合同办理落户手续；非应届毕业生凭与用人单位签订的劳动（聘用）合同和《普通高等学校毕业证书》办理落户手续。

5.高校毕业生到小型微型企业就业、自主创业的，其档案可由当地市、县一级的公共就业人才服务机构免费保管。办理高校毕业生档案转递手续，转正定级表、调整改派手续不再作为接收审核档案的必备材料。

二、大学生就业的特殊政策

（一）定向毕业生的就业政策

定向生在招生时就已经确定了就业动向。因此，原则上，定向毕业生时要到当年国家计划规定的定向地区或单位工作。

定向生如遇家迁、升学、留校、参军或原定向单位破产等特殊情况时，可申请办理定向改派的定向毕业生要出具下列相关材料，个人的改派申请；关于上述某种情况的证明材料（户口迁移证明、录取通知书、破产证明等）；原定向地区（单位）的主管部门出具的退函；所到地区（单位）主管毕业生就业部门的意见；与新的接收单位签署的就业协议。将上述材料汇总后报给学校就业指导中心，经学校初审后，报省高校毕业生就业指导中心审查批准，才允许改变就业动向。

定向毕业生因家迁需改变就业去向的，须向学校和省高校毕业生就业指导中心提供原家庭居住地和现家庭居住地户籍管理部门迁出和迁入的证明材料，并提供现家庭居住地居民户口簿。学校和省高校毕业生就业指导中心依据以上材料，根据就业政策和审批程序办理就业报到证。

对于回到贫困县就业的定向生，当地政府有义务做好就业安置工作。贫困地区的定向生原则上不能改变其就业去向。

（二）应届毕业生报考国家公务员的政策

国家行政机关、其他国家机关和参照国家公务员制度管理的事业单位从高等学校应届毕业生中录用国家公务员（工作人员），一律实行考试考核、择优录用的办法。被录用为公务员的毕业生与组织、人事部门签订就业协议书，学校就业指导中心凭就业协议书将其纳入就业方案，并予以办理就业派遣手续。

（三）应届毕业生报考研究生的政策

参加考研的毕业生在与用人单位签订就业协议前，原则上应向用人单位报告本人已参加或准备参加研究生考试，在征得用人单位同意后，可以在就业协议上注明"如果毕业生考取研究生，本协议无效"。如果用人单位不同意此项，那么毕业生原则上不应签署此协议。如果已经考取研究生的毕业生在当初签协议时有意隐瞒考研情况，而本人又要求读研的，则按违约处理。毕业生离校前需要出具原签约单位同意读研的退函。

（四）应届毕业生自费出国留学的政策

随着改革开放的深入，部分学生将获得机会到国外深造或到境外企业去工作。符合国家规定申请自费留学的毕业生，不参加就业，也不再缴纳教育培养费。凭国外大学录取通知书，在学校规定时间内提出申请，经教务处和就业指导中心审核同意后，不列入就业计划。集中派遣时未获批准出境的，学校可将其档案、户籍关系转至生源地，毕业生继续办理出国手续或自谋职业。

（五）患病毕业生和残疾人毕业生的政策

毕业生离校前应进行健康检查，因病不能工作的，应回家休养。一年以内、半年以上治愈的（须经学校指定医院证明能坚持正常工作的），可随下一届毕业生就业；半年内治愈的，可到原就业单位就业；一年后仍未治愈或无用人单位接收的，户籍关系转至生源地，按社会待业人员办理。

毕业生报到后，接收单位应组织复查。单位在三个月内若发现毕业生因健康问题不能坚持正常工作，经县级以上医院检查确属在校期间的旧病复发，报主管部门批准，可将毕业生退回学校，按照有关规定处理；若属新生疾病，按在职人员病假期间的有关规定处理，不得把上岗后发生疾病的毕业生退回学校。对患有精神病（需县级以上医院证明）的毕业生，见习期内复发的，用人单位可将其退回学校，由学校退回家庭所在地。

对残疾毕业生的就业，仍按教育部、国家纪委、劳动人事部、民政部（85）教学字004号文件精神处理，即学校录取的残疾考生，毕业后应按其所学专业，由学校帮助推荐就业，确有困难的，按有关规定由生源所在地民政部门负责安置。

（六）第二学士学位毕业生的就业政策

国家规定，在校攻读第二学士学位，修业期满，获得第二学士学位后，原则上按第二学士学位推荐就业。这和普通高校招收的本科生的就业基本一致，即一是服从国家需要，二是坚持学以致用。在职人员攻读第二学士学位，修业期满，不论是否获得第二学士学位，均回原单位安排工作。已获得第二学士学位的毕业生工作后的起点工资与研究生班毕业生工资待遇相同；未获得第二学士学位者，仍按本科生对待。

（七）委托培养、联合办学毕业生的就业政策

委培生是指用人单位（或地区）委托高校培养的学生。委培生要按委托协议派遣，确因委培单位关、停、并、转不能接收的，应由委培单位主管部门出具证明，经市毕业生就业主管部门审核同意，就地就近安排就业，跨市安排就业的要报省毕业生就业主管部门审批。

学校与地方联合办学培养的毕业生原则上回联办地区就业，如因特殊情况确需改变就业去向的，须由联办地区毕业生就业主管部门同意，报省毕业生就业主管部门审核批准后，方可改变就业去向。

（八）毕业生二次择业政策

毕业生二次择业是指截止到毕业生集中派遣时，仍未落实接收单位的毕业生，要派回生源省、市、区参加二次就业，原则上由省、市、区推荐就业，毕业生也可继续选择单位。在规定时间内落实工作的，毕业生就业主管部门可以为其办理二次派遣手续。

第三节 树立正确的就业观念

高校各个层次的毕业生都将先后步入社会，寻求自己生存和发展的空间，找到自己比较理想的位置。要达到这一目的，首先就要树立正确的就业观，具体可以从下面几个方面着手：

一、保持积极心态，珍惜就业机会

就业本身就是一种竞争，在矛盾和困难面前，要保持积极的就业心态，主动适应，调整方向，把握自我；要通过不断学习来完善知识结构，提升自身素质，适应职业的要求；要珍惜所能获得的就业机会，切忌草率放弃或轻易跳槽；要做好从基层做起的心理准备，重视基础岗位上的经验积累，踏实地走好每一步。

二、重视实习的机会

实习是大学生积累社会经验的重要途径，它能够提高大学生的沟通能力、适应能力及解决问题的能力等。因此，大学生应充分把握在校的实习机会，广泛地接触社会，努力大胆地尝试，以提前了解社会的方方面面，积累实践经验，锁定自己的兴趣点，进而有目标地去选择职业。另外，丰富的实习经验也可以增强自己在求职中的竞争力。

三、不片面追求专业对口

在当前的各类职业中，除部分专业性、技术性较强的岗位外，很多岗位并不一味强调专业对口。对于初入职场的大学生而言，除了学习专业知识之外，更重要的是培养自己的思维方式、发现问题和解决问题的能力，为从事其他工作奠定基础。因此，大学生在选择职业时可以根据自身的兴趣、特点等放宽视野，而不仅仅局限于自己的专业上。

四、调整薪资待遇的期望值

在求职过程中，不少大学生习惯将自己就读的学校、专业等与薪资待遇挂钩，这种陈旧、片面的理解往往造成很多大学生"高不成、低不就"，错失就业机会。面对当前的就业形势，准确定位、调整心态、把握机遇、瞄准长远发展才不失为一种可行的方法。对职场新人而言，经验的积累远比金钱的积累重要。

五、要有创业的精神和准备

创业既是实现就业的一种行之有效的方式，也是实现大学生人生理想的一条捷径。当今时代的大学生要想实现人生价值，应有创业的精神和想法，在创业实践中学会学习、学会生存、学会创造。面对激烈的就业竞争，只要大学生能够转换思维、改变观念，就一定能在就业的困境中看到希望，就业之路也会越走越宽。

能力训练

1.主体辩论

(1) 辩论主题：大学生应"先就业后择业"VS大学生应"先择业后就业"。

(2) 辩论背景：面对国内严峻的就业形势，高校毕业生供给紧缺的时代已经一去不复返了！随着高等教育"大众化"时代的来临、"精英教育"时代结束，高校毕业生就业将发生与"大众化"相适应的"质"的变化。高校毕业生从精英走向大众化，这是一个不以我们个人意志为转移的、历史性的转化。高等学校毕业生就业将在一个相当长的时间内处于"买方市场"，在社会需求总量增加不大的一段时期内，毕业生层次、相同专业毕业生的名牌与普通校之间、不同的培养质量和特色等方面的竞争将格外激烈。那么。大学生应该树立怎样的就业观，才能在日益汹涌的就业大潮中找到自己理想的岗位呢？

(3) 辩论角度：

正方：①资源配置角度；②成本经济角度；③实践检验角度。

反方：①资源浪费角度；②就业成本角度；③人生价值角度；④诚信信誉角度；⑤人生态度角度。

辩论结论：剖析自我，努力追求人生目标；更新观念，勇于面对新的挑战。

2.政策搜集

搜集中央和地方有关大学生就业的政策和相关规定，并与同学交流。

第五章 做好求职准备 从容面对就业

第一节 求职材料的准备

求职材料是指毕业生为了求职成功而准备和使用的各种书面材料,包括求职信、简历及其他材料。求职材料的准备反映出一个人做事的认真、细致程度,这是今后从事任何工作所必须具备的基本素质,因此,毕业生在求职前要将求职材料准备齐全。

一、求职信

求职信是毕业生针对招聘岗位而向用人单位进行自我推荐的书面材料。求职信集介绍、自我推销和下一步行动建议于一身,并重点突出自身背景材料中与未来雇主最有关系的内容,以此来提高自己的成功率。一份好的求职信体现了求职者清晰的思路和良好的表达能力,招聘者通过求职信可以看出其沟通交际能力和性格特征。

(一)求职信的书写格式

求职信的重点在于"荐",在构思上一定要围绕"为何荐""凭何荐""怎样荐"的思路安排,其书写格式与一般书信大致相同,包括标题、称呼、正文、结尾和落款。

1.标题

标题是求职信的标志和称谓,要求简洁、醒目、庄雅。用较大字体在用纸上标注"求职信"三个字,要显得大方、美观。

2.称呼

这里的称呼是指对主送单位或收件人的称呼，因此往往要比一般书信的称呼正规一些，在实际书写时要区别对待。若写给国家机关或事业单位的人事部门负责人，可用"尊敬的××处长"；若写给企业人力资源部，则用"尊敬的××经理"；若写给科研院所或高校人事部门，可称"尊敬的××教授（处长、老师）"。

称呼要正规、准确，忌用"前辈、叔叔、师兄"等不正规的称呼。由于求职信往往是和用人单位之间的首次交往，毕业生未必对用人单位的招聘人员了解、熟悉，因此，在求职信中称呼"××领导"是可以的。

3.正文

正文是求职信的核心部分，其形式多样，风格各异。要想打动用人单位，就一定要反复揣摩和修改正文部分的措辞和行文风格。正文部分应当包括以下内容。

（1）简单自我介绍，即简要说明自己的身份。对于应届毕业生来说，在信件的开头用一两句话说明自己的学校、学历、专业等基本信息即可。例如，"我是××大学管理学院电子商务专业2016届专科毕业生"。

（2）说明求职信息来源。为了师出有名，最好在求职信的开头说明求职信息的来源，这样既可使行文比较流畅，同时也暗示用人单位的招聘广告是有反馈的。可用一句如"本人在×年×月×日的《×报》上得知贵单位正在进行招聘活动，因此投信前来应聘"之类的话带过即可。

（3）说明应聘职位。在求职信的开头，应该说明所要应聘的职位，如"本人欲应聘网络维护一职"或"相信本人能胜任报社记者一职，故前来应聘"等。如果职位有编号，应当写上编号，以表示一丝不苟的态度和应聘的诚意，如"网络维护"等。

（4）说明能胜任该职位的理由。这是求职信的关键部分，主要是向对方表明自己的专业知识和工作经验，所取得的与该职位有关的一些成绩和自己所掌握的相关技能，以及与该职位相符的性格、特长、兴趣爱好和其他情况。

需要注意的是，说明能胜任该项工作的理由，并不是经验和成绩的简单堆砌，一定要突出适合这项工作的特长和个性，尽量避免写那些风马牛不相及的东西，更不能写那些与招聘条件"反其道而行之"的内容。例如，用人单位招聘的是"营销人员"，求职者却对自己的"内向、文静"大写特写，这样应聘自然就会失败。

（5）暗示发展前途及潜力。在求职信中不仅要向招聘者说明你的现在，更要说明你的未来，说明你是有培养价值的、可塑造的、有发展潜力的。例如，你若当过学生干部，可以向对方介绍在担任学生干部的时候取得了哪些成绩，这就说明了你有管理和组织方面的才能。

4.结尾

一般的结尾都包括两个内容：一是盼回复，二是祝词。在一般的求职信中，表达希望对方答复或者获得面试机会所用的措辞几乎已成定式，如"我热切盼望着您的回复"或者"我希望能获得与您面谈的机会"。此外，正文后的问候祝颂虽然只有几个字，但也有着不可忽视的作用。如可用"顺候安康""祝贵公司兴旺发达"等词，也可用"此致敬礼"之类的通用词。

5.落款

落款应署名并注明日期。署名应与信首的"称呼"相呼应，如果在信首称对方为"××老师"，则署名应为"学生××"，当然也可以直接签上自己的名字。但需要注意的是，不管求职信是打印的还是手写的，署名都一定要手写。署名下方要完整地写上年月日，还应注明联系方式。

（二）撰写求职信的禁忌

一般来说，撰写求职信有六大禁忌，大学毕业生书写求职信时一定要注意。

1.忌长篇大论

用人单位不会花很长时间来阅读求职信，篇幅太长会使用人单位产生厌烦心理，甚至认为求职者的概括能力不强。因此，求职信的内容应以简洁为原则，尽量在一页纸内完成。

2.忌堆砌辞藻

即使你满腹经纶，也不要幻想用华丽的辞藻来打动招聘者。华而不实的语言属于大话、空话、套话，并没有实际的作用。那种虽无豪言壮语，但读起来亲切、自然、实实在在的求职信却能给用人单位留下深刻的印象。

3.忌夸大其词

在措辞方面要留有余地，不要说得过于饱和。如"我能适应各种工作""我将会给贵单位带来新的生机"之类的表述，只能给用人单位留下你刚出校门，还很幼稚的印象。

4.忌缺乏自信

适度的谦虚是一种美德，也会使对方产生好感，但过分的谦虚则是不自信的表现。在写求职信时忌用"虽然我资历不够""虽然我不是名校的毕业生"等语句，因为用人单位关心的是你是否符合招聘岗位的要求。

5.忌千篇一律

撰写求职信时要有自己的风格与特点，不能千篇一律、落入俗套。立意新颖、语言独特以及思考多元化的求职信才能给对方造成强烈的印象，引起招聘者的注意，并进而挑起招聘者的兴趣，使自己赢得面试的机会。因此，一定要把自己的强项写出来，将自己的"亮点"展示出来。

6. 忌粗心大意

只有经过严格修改和反复推敲后的求职信才能收到良好的效果，因此，要重复翻看求职信，以避免出现错别字和语法错误。资料也要齐全，切记要留下可随时联系上你的电话号码。

（三）求职信范例

【范例一】

求职信

尊敬的先生/小姐：

您好！

我是××大学××专业的应届本科毕业生，今年7月，我将顺利毕业并获得工程学士学位。近期获知贵公司正在招聘人才，本人欲申请贵公司网站上招聘的网络维护工程师职位，我自信符合贵公司的要求。

本人具有较好的计算机知识和应用能力，并于去年通过了全国计算机等级考试（四级）；能熟练操作Windows2007，并能使用C、C++、Pascal、JavaScript等语言编程，能运用AutoCAD、Photoshop、Labview等软件进行相关工作，此外，我对网络技术也有一定的了解，正准备参加MCSE考试。

我的英语水平也很突出，在大学二年级时通过了大学英语六级考试，有着出色的阅读写作能力和口语水平。在校期间，曾协助教授翻译过多篇技术论文。

在大学期间，本人多次获得各项奖学金，而且发表过多篇论文，还担任过班长、团支书等学生干部职位，具有很强的组织和协调能力。强烈的事业心和责任感使我能够面对任何困难和挑战。

我很希望能加盟贵公司，发挥我的潜力。随信附上我的简历，如有机会与您面谈，我将十分感谢。

此致

敬礼！

×××（手写）

2016年×月×日

电话：138××××754

【范例二】

求职信

尊敬的招聘经理：

您好！我是××大学经济学院经济学专业的一名应届本科毕业生。我于2016年10月22日参加了贵公司在我校举办的校园招聘会，得知研究部正在招聘分析员，我希望应聘贵公司"研究部分析员"一职。

我在兼职、实习期间一直关注中国金融市场的动态，对于新兴证券公司尤为关注。贵公司成立之时，我正在环邦信息咨询公司担任实习翻译，有幸采编过有关贵公司组建的背景新闻。贵公司领导团队由一批具有创新意识和进取精神的高素质人才组成，将很有发展前途。最近又欣闻翟昊发这位证券研究分析明星被聘为贵公司研究部首席分析师，这样的工作团队正是我一直向往的。以下是我个人能力与工作教育背景的综合简介：

良好教育背景：将于2016年7月获得××大学经济学院经济学专业学士学位。

金融行业工作经验：在迅联金融培训公司任兼职分析员，环邦信息咨询公司担任兼职翻译，对金融、电子、通信等行业有较深的了解。

较强的沟通能力：曾在校"摄影协会"及"爱心社"的社会工作中较多地进行对外沟通及内部管理工作。

扎实的个人技能：在兼职工作中经常使用英语，并能用Excel及PowerPoint进行大量文案工作。

我希望凭借我所具有的相关工作经验和专业知识技能，以及自身的刻苦、进取精神，能为公司研究团队尽快提供扎实的基础分析工作，为公司的研究业务能更好地为客户服务而贡献力量。

尊敬的招聘经理，我非常希望能够得到贵公司的面试机会。感谢您拨冗阅读我的求职材料。

顺祝商祺！

齐×

××大学经济学院经济学专业2012级

地址：上海市东方路999号

电邮：××@163.com

电话：(021) 7658×××× (晚9:00-11:00)

手机：139××××357（全天）

随函呈附：中英文简历各一份

二、简历

个人简历是一个人生活、学习、工作的经历和成绩的概括集锦，其真正目的就是让用人单位全面了解自己，从而为自己创造面试的机会。个人简历是用人单位对求职者的第一印象，是用人单位对求职者进行分析、比较、筛选，决定是否录用的主要依据。从个人简历中，可以看出求职者在能力、性格、经验方面的综合表现。通常情况下，用人单位都是通过简历决定求职者能否参加进一步的面试。

（一）简历的基本要素

1. 个人基本情况

简历中提供哪些信息是由求职者自己决定的，但有些信息是必不可少的，如姓名、出生年月、性别、家庭住址、政治面貌、身体状况、联系方式（电话号码和 e-mail）等。

2. 教育背景

教育背景包括毕业生的毕业院校、所学专业、学历、学位、所学的主要课程（把重点放在与申请的工作有特殊关系的课程上）等情况。

3. 求职意向

求职意向包括向往职业的地域、行业、岗位等方面的意向。

4. 本人经历

本人经历主要是指大学以来的简单经历，包括学习、社会职务或活动、义务性工作（志愿者）、社会性工作、社会实践，以及在这些工作中用到的工作技能等。

5. 知识、技能和品质

这部分主要包括知识结构、智能优势、外语和计算机水平及其他技能证书等。

6. 个人特长及所获荣誉

这部分包括个人兴趣、特长，在校获得的荣誉（如三好学生、优秀团员、优秀学生干部），以及参加各种竞赛所获奖项等。

7. 自我评价

自我评价主要是总结自己良好的个性品质，如学习能力、沟通能力、解决问题的能力、适应能力、好奇心或创新能力、团队合作精神、积极的工作态度、责任心、敬业精神等。

（二）简历的形式

从形式上划分，简历可分为七种：完全表格式简历、半文章式简历、小册子式简历、提要式（节略式）简历、按年月顺序（时间顺序）式简历、功能式简历及创造式简历。当然这些形式之间可交叉重叠。下面就每种简历形式的主要特点作简单介绍。

1. 完全表格式简历

完全表格式简历综述了多种资料，易于阅读，通常适用于年轻、缺乏工作经验的求职者。求职者可简单列出所学课程、课外活动、业余爱好和临时工作等资料，因为他们不深的资历很少需要分析和说明。

2. 半文章式简历

半文章式简历使用较少的资料表格设计，而使用几项长资料的记载，表格的数量和文字记载的长度可以变化，以适应求职者的长处。这种简历通常适用于经验丰富的求职者，因为详述的资料能比高度表格化的资料占据更多的篇幅。

3.小册子式简历

小册子式简历是一种多页的、半文章式的活页格式简历。这种简历可以有4页、8页，甚至20页。它的主要优点有两个：一是提供了一种可表述更多资料的便利工具；二是其封面上容纳了一份分别打印、专门设计的求职信。但小册子式简历需要很多专门的技能去撰写、设计，因此一般用得不多。

4.提要式（节略式）简历

提要式简历是一种摘要的摘要，它是在完成了一份较长的简历后才摘编而成的。经历很丰富的求职者会先写一份完整的简历（如2～3页）来概括他的资历，然后再从完整的简历中摘出他资历的要点。这种简历便成了他用得较多的简历，而详细的简历只有在招聘者要求时才提交出去。

5.按年月顺序（时间顺序）式简历

这种简历通过按时间顺序排列资料及突出日期来强调时间。时间顺序通常是与中国人的习惯倒过来的，即从最近的时间开始往前推。如在工作经历一栏下，按时间顺序的简历从最近的工作开始，然后是最近工作的前面一个工作，再是再前面的工作；在教育栏下，按时间顺序式的简历也是如此，倒推排列。这种简历可以是完全表格式简历，或是半文章式简历，也可以是创造式简历。

6.功能式简历

这种简历只强调工作的种类（功能），而不含有任何特别的时间顺序。功能式简历的主要优点是能突出实际成就，缺点是招聘者不得不排出他们自己推算的时间顺序。如果严密的时间顺序对你不利，你便可使用功能式简历；如果你的职业进展已经有了进步，并且你想找的工作和你最近的工作一样，则可采用按年月顺序式简历。

7.创造式简历

艺术界、广告界、宣传界和其他创造性领域的求职者在准备简历时往往会打破标准的简历形式。创造式简历必须运用想象力，但也必须向招聘者提供他们需要的内容。它只能用于创造性行业，一般要避免用于银行业、商业、交通运输业和制造业。

（三）撰写简历的原则

1.简短

简历不要太长，一般应届毕业生的个人简历有一页A4纸即可。据调查，用人单位花在每份简历上的平均时间不到1.5分钟,要想在这短短的90秒内迅速抓住招聘者的眼球,简历不做到短小精悍是不行的。

2.清晰

简历应一目了然,确保简历的阅读者一眼就能看到他们需要的信息;要使用简单、清晰易懂的语言,而不要用一些高深莫测的语言;尽量不使用缩略语或学生中流行的时髦词汇;若打印,应选择合适的字体和字号。

3.准确

简历中的错别字很显眼,并且会直接影响阅读者对应聘者的印象。一份简历能看出一个人的语言文字功底和修养,而招聘人员考查应聘者的文字能力、细心程度等内容就是从简历开始的。因此,表达清楚、准确、规范,是简历语言的基本要求。

4.整洁

整洁的简历能使阅读者在看到内容之前就已产生好感,这样才能使之产生阅读的兴趣。因此,简历最好用激光打印机打印,而不要使用效果不佳的复印,并注意保持简历的干净整洁。

5.真实

撰写简历时既不要夸张(自负),也不要消极地评价自己(过分谦虚),更不能编造。简历一定要用心设计,有些简历一看就知道是抄袭他人的,有些甚至是明显的张冠李戴。

(四)撰写简历时的常见问题

1.篇幅过长或过短。篇幅过长,显得内容不精练,表达不切题意,会让挑选简历的人失去耐心,从而失去面试的机会;篇幅过短,缺乏必要的信息,使挑选简历的人对求职者认识不全面,也会影响面试机会。

2.条理不清。简历布局不合理,结构层次混乱,逻辑重复,会增加阅读与理解上的困难。

3.目标不明。没有明确的求职方向,也没有标明自己的特长、兴趣爱好等。

4.不切实际。对自己的评价明显不合实际,太完美无缺,让阅读者产生怀疑;或对薪酬待遇提出过高的要求。

5.版面设计不科学。如版面过于压缩,将行距与段间距压缩得太密,字体太小等。

6.错别字及语法错误。在简历中出现错别字,有的甚至出现语法错误或逻辑错误。

知识链接

普通简历与优秀简历的区别（见表5-1）

表5-1 普通简历与优秀简历的区别

区别项目	普通简历	优秀简历
校徽	大部分有	通常没有
标题	"简力"或"个人简历"	有自己的名字，应聘职位等
相片	形式花俏，千姿百态	实在
个人信息	极为全面，甚至像人口普查，有的则像征婚启事	简单，三行文字即可让扩最主要的信息，包括联系地址、电话、邮箱等
求职目标	大部分无	有
教育背景	加上很多课程名	由远及近地写毕业院校，不写课程名，注明平时成绩及排名
实习经历	较多，是一些事情的堆积，没有轻重之分，也不对其进行详细介绍	实习经验有主次之分，在一家公司实习的关键事件不超过3~4项，实习经验都按照STAR法则
项目经历	较多，是一些大小事情的堆积，没有轻重之分	选择与应聘岗位相关的项目经验，严格按照STAR法则填写
竞赛实践	长篇罗列，各种性质的竞赛混在一起	选择与应聘岗位相关的竞赛，并选择关键性竞赛做详细描述
校内工作	大篇幅书写与工作无关的学习、实践经验	简洁明快，清晰自然
获奖情况	没有或罗列较多，没有归纳	基本都有。除了描述之外还有对各种奖项的归纳、分析和交代
个人技能	罗列较多，没有突出自己的独特之处，自己不熟悉的也列上	选择性很强，够一定水准了才写上去
性格特点或爱好	具体描述，且数量多	选择性添加或者不写
页数	2页甚至更多，最后一页补足一半	1页，最多2页，都是整页
低级错误	很多，包括拼写、语法、时态、同类型字体不一致等	几乎没有
真实度	有一定艺术性地放大	不造假，但有表达技巧
精确度	数字敏感性较低	数字敏感性较高
排版	很差，不讲究	一丝不苟，十分讲究
文字风格	平铺直叙，大段描述	言简意赅，分点交代
主观印象	杂乱无章，无主次之分	精美，条例清晰，主次分明

（五）简历的投送方式

简历投送的主要方式有本人直接送达、快件或信函投寄、利用网络投送等。

1. 本人直接送达

本人直接送达是指按照用人单位指定的时间将自己的简历直接送达给招聘者。采用此种方式能使求职者利用与招聘者初次面谈的机会展示自己,为自己在众多求职者中脱颖而出创造机会。

2. 快件或信函投寄

快件或信函投寄是指按照指定的时间、地点将自己的个人简历用信函或快件投寄到用人单位。采用此种方式要求在信函或快件的封面上注明"应聘"字样和应聘职位,字迹要工整清楚。

3. 利用网络投送

利用网络投送是指通过电子信箱将个人简历发给用人单位。这种方式省时省力,节约招聘成本,将是未来主要的简历投送方式。求职者最好选择在早上8点招聘者上班之前将自己的简历发送到用人单位指定的电子信箱,但注意不要用附件形式发送。

(六)个人简历范例

【范例一】

个人简历

姓　名:张×	性别:男
出生年月:1990年10月1日	健康状况:良好
毕业院校:××大学	政治面貌:中共党员
学　历:本科	专业:人力资源管理
联系电话:(010)5685××××	手　机:138×××× 28
e-mail:××@sina.com	
通信地址:北京市西城区××大街1号	邮　编:100008
社会职务:校学生会副主席、系团支部书记	
求职意向:人力资源部经理助理	

教育背景:	2008.9—2012.6　××大学 2005.9—2008.7　北京市西城区××中学
继续教育情况:	2011年底获得国家劳动保障部人力资源管理助理师资格证书
主修课程:	运筹学、市场营销、西方经济学、国际贸易、电子商务、推销与谈判、人力资源管理、组织行为学、劳动法、经济法(如需要详细成绩单,请联系我)。
英语水平:	通过大学英语四、六级考试,能熟练地进行听、说、读、写。
计算机水平:	通过国家计算机二级考试,熟悉网络和电子商务;能熟练操作Office办公软件。

续表

获奖情况：	四次获得校级二等奖学金； 三次获得"优秀学生干部"和"三好学生"称号。
实践与实习：	2011年5月组织学校"五四"青年节大型歌咏比赛，并在比赛中获个人一等奖； 2011年7月在××公司见习，主要负责制定公司人员的年度培训计划、员工的再教育和再培训，以及人力资源的统计； 2012年3～5月在××科技公司人力资源部任经理助理。主要职责：公司内部人员的岗位调动，离职的审批和应聘人员的挑选，制定公司人力资源招聘及管理程序。
自我评价：	热情、努力、善于团队喝醉，有较强的交际能力；做事踏实，能自觉遵守公司的纪律。

【范例二】

齐×
上海市东方路999号
××大学99号楼909室（200002）
e-mail：××@163.com
电话：（021）7685×××
139××××357（全天）

教育背景	
2008年至今	东方大学 经济学院经济学专业，于2012年7月获经济学学士学位。所学主要课程包括：宏观经济学、微观经济学、制度经济学、产业经济学、国际贸易、国际金融、货币银行学、公司财务、概率论与数理统计、计量经济学、应用统计学等。三次获得学校一等奖学金。
工作经验	
2011年7月至今	上海迅联金融培训公司分析员（兼职） ● 较深层次地参与金融培训课程设计、客户需要分析和商业计划的撰写； ● 参与中国著名券商为期15个月的培训项目的规划：撰写商业计划书参与竞标，中标后采访10位券商高级管理人员，并负责完成"培训规划战略"稿件一半的内容； ● 参与设计"华尔街初级员工培训中国版"的培训课程。

续表

2010年7月至8月	上海环邦信息咨询公司新闻部（暑期实习） ● 每日更新欧美金融市场最重要的6条新闻线索，搜寻5条中国市场相关评论； ● 翻译当天《金融时报》《华尔街日报》等关于国内金融市场的新闻报道； ● 起草新闻评论稿，内容涵盖通信、电子、教育、物流、快速消费等行业。
2010年5月	东方大学"江山多娇"五一摄影采风团领队 ● 率领60名摄影协会会员赴云南采风； ● 负责整个活动的策划，并为活动引入美达摄影器材公司5万元赞助金； ● 负责协调车辆调度，以及部分后勤工作； ● 与保险公司谈判，为参加人员购买总值50万元的人身意外保险。
2009年9月至今	东方大学体育部宣传干事 ● 发起、组织校内"新生杯"篮球赛，设计赛事方案，租借场地，联络校领导出席并讲话； ● 起草校运会赞助招商方案，获得健体运动饮料赞助经费2万元； ● 设计、张贴校内体育活动海报，每周两次起草校广播站有关体育赛事新闻稿及评论稿。
2008年9月至今	东方大学爱心社副秘书长 ● 策划义务献血宣传周活动方案，制作宣传资料，邀请上海市献血中心周副主任到场演讲； ● 组织爱心社成员及校内学生每周一次为孤儿院残障儿童讲故事及进行户外活动。
个人能力	通过大学英语六级考试，口语流利，经常与美国银行家沟通及安排培训事宜； 能熟练使用Excel、PowerPoint、Flash等软件； 校乐团单簧管演奏员，院篮球队前锋，曾获得全校篮球赛亚军。

三、其他材料

除了求职信和个人简历外，毕业生还应提前准备以下材料：

1. 毕业证书、学位证书。
2. 各种荣誉证书，包括奖学金证书和各类活动获奖证书。
3. 英语和计算机等级证书。
4. 各类资格证书，如报关员资格证书、注册会计师证书等。
5. 学校正式开具的、盖有学校印章的成绩单。
6. 在正式出版物上发表的文学作品、科研论文、美术设计作品、音像作品、摄像作品，以及各类小制作、小发明、小创作的图像资料。

第二节 求职心理的准备

大学生不仅要学习科学文化知识，掌握专业技能，具有强健的体魄和良好的思想道德素质，还应该具备良好的心理素质。对毕业生来说，调整择业心态，做好充分的心理准备，勇敢地迎接挑战，在择业过程中是非常重要的。

一、大学生必须具备的心理准备

大学生在校期间就应做好以下几个方面的心理准备。

（一）竞争的心理

达尔文的生物进化论提出，适者生存。同样，"适者生存"这一法则也适用于当今社会的就业市场。竞争是人类的一种本能，在知识和技能不断激增和强化的今天，优胜劣汰的市场环境让这种本能变成了人们必须具备的一种能力素质。

随着社会的不断发展进步，各国的市场经济竞争变成了人才的竞争。要成为一名合格的现代化人才，就必须具备竞争心理、竞争能力，并具有积极参与竞争的行动。只有这样，才能在人才膨胀的现今社会取得进步。

（二）合作与宽容的心理

社会并不是一个人的社会，而是由许多人组成的一个大团体。要想在这个社会中生存，合作与宽容是同等重要的。每个大学生都应该明白，一个宽容的集体一定会是一个团结向上的集体，到处充满矛盾与战火的团体肯定会最终一事无成。在工作和生活中，可能会遇到这样或那样的事情，大学生一定要做好合作与宽容的心理准备，用良好的心态来演绎美好生活。

（三）长远发展的心理

高校毕业生在求职的时候，应该对未来有很好的认识，把握未来的发展方向。首先做好长远发展的心理准备和自己的职业生涯规划，然后再择业、就业。只有对自己的未来有长远的规划，在心里有目标、有方向，才能在工作和生活中不骄不躁，脚踏实地地走好每一步。

（四）承受挫折的心理

每个人在从事有目的的活动或工作时，都可能会遇到各种各样的障碍和挫折，这时所表现出来的心理情绪反应被称为挫折心理。大学生要具备良好的心理素质，在遇到困难和障碍时，不要消极地面对，而是要认真地反思，找出问题的所在，积极地去解决问题，避免引起内心世界的严重扭曲。当你用充满自信的心理去面对困难，脚踏实地地去行走人生旅程时，一定能够克服人生中任何一次挫折，走好自己的人生路。

（五）放弃从众的心理

人云亦云，随大流，没有自己的主见，这是从众的典型特征。这种从众心理的形成可能是因为社会或群体的压力，而迫使个人放弃了自己的意见去采取顺从行为，也可能是因为个人本身就没有自己的打算和长远的人生目标，而只能跟随众人的脚步，随波逐流。但是不管原因如何，高校毕业生在面对择业问题时，都不应该具有这种消极的心理，而应该具有很强的独立思考能力和分析问题的能力，要学会独立解决问题，力求摆脱从众的心理束缚。

（六）丢掉嫉妒的心理

嫉妒心理是指当别人的品质、才能、成就等方面高于自己时所产生的那种迫切想要贬低别人的心理倾向。这种心理是非常不可取的，是求职择业和人才成长的大敌。作为现代青年，要具有同嫉妒告别，驱除私念的决心，拥有开阔的心胸和视野，在竞争中学习别人的长处，努力使自己进步，给双方一个公平的竞争平台，不可让嫉妒冲昏头脑，害人害己。

（七）摒弃虚荣的心理

虚荣心是一种很不健康的心理状态，它会妨碍求职的成功。因为，如果虚荣心过强，求职者在求职过程中就会将注意力集中在社会知名度高的职位上。他们选择职业并不是从自身的优势出发，围绕自己的爱好专长来展开的，而是为了得到别人羡慕的眼光。这种求职心态非常不正常，对于个人以后的发展也是有害的。

其实，大学生在选择职业时，不是在为别人选择，而是在为自己选择。选择职业要从自身实际出发，摒弃虚荣心，找到属于自己的理想职业。

（八）避免攀比的心理

为了共同的目标，适度的竞争是无可厚非的，但如果演变成彼此攀比就不可取了。因为如果事事都想与人攀比、争胜，势必会使攀比者本身显得缺乏主见。在求职过程中，攀比心理会造成注意力过多集中到他人的就业取向上，而忽略自己的实际能力和工作取向，很容易放弃适合自己的工作，而跑去与别人同过独木桥，当然就难免失意了。

（九）抑制怯懦的心理

怯懦是一个人缺乏自信的心理表现。大学生接触社会的机会较少，对实践技能的了解也非常有限。因此，在与用人单位见面的时候，经常会出现面红耳赤、手足无措、语无伦次的现象。自己辛辛苦苦准备的"台词"一时间都抛到了脑后，这对正常水平的发挥非常不利。因此，毕业生在步入社会时，必须要克服怯懦心理，并且要学会用意念控制自己的情绪，暗示自己要镇静，不要胡思乱想等，告诉自己一定能成功。

（十）克服自卑的心理

自卑是自我评价过低的一种心理表现。自卑的人通常缺乏自信，缺乏勇气，自我意识里总认为自己不如别人，遇事退让，不敢竞争。他们对前途感到迷茫，对社会上的竞争感到惧怕。一般情况下，自我意识不健全、性格内向或生理有缺陷的毕业生会表现出自卑倾向。这类人尤其要克服自卑心理，要相信自己的能力、水平，不要面对问题时就对自己产生怀疑，只有这样才能很好地参与正常的社会竞争。

二、大学生择业心理调适

即将毕业的大学生在择业时受到几次挫折就产生消极情绪，甚至产生心理误区或者形成心理障碍，这都是很正常的现象，关键是我们怎样看待问题，用什么样的心态来解决问题，这才是最主要的。下面我们从以下几个方面来阐述一下应该怎样调适心理的问题。

（一）适应市场，制定合理的择业方案

高校毕业生要善于结合行业发展趋势、地理条件等因素综合判断一个工作的发展前景。择业时也不要期望值太高，可以先找一份工作增加工作经验，然后再凭借自己的能力进行正常的职业流动，以达到自己的择业目标，实现自我价值。

（二）客观自评，走出心理误区

一个人要客观地评价自己，正视自己的缺点和错误需要相当大的勇气。每个人都有一些缺点，但通常是极力隐藏，然而现在却需要自己找出来，并对其进行客观评价，难度非常大。因为很多时候，批评别人容易，进行批评与自我批评却很难。

(三) 积极参与竞争，坦然面对挫折

现在大学生的就业制度是双向选择，这就给大学生和用人单位提供了相互挑选的机会。在择业过程中，肯定会出现大学生看不上某家单位或某家单位选不中大学生的情况，这都是非常正常的。大学生在择业时，应该珍惜每一次机会，坦然面对成功与失败，不怕挫折，积极参与竞争，从实际出发，找到自己的位置，实现自己的理想。

(四) 调整心态，完善人格

积极的心态有助于提高人的心理素质，而消极的心态只能导致失败。因此，毕业生在择业过程中遇到挫折时，不要抱有消极的心态来影响自己的情绪，而应该用积极的心态去支配人生。积极思考、乐观向上和坚强的意志一定会带你走向成功。但是健全的人格却不是学校的教育能够培养出来的，这需要大学生不断地了解自己人格中的缺陷与不足，这是一个逐渐成熟的过程。

(五) 适度宣泄

宣泄是指把内心深处的冲突和被压抑的情绪发泄出来。人的愤懑只要发泄出来，心理就会平静很多。毕业生在择业受到挫折时，容易出现苦闷、焦虑、恐惧等消极心理，这时可以采取适当的宣泄手段来调节情绪，达到心境平和的效果。

第三节 就业信息的准备

就业信息是指通过各种媒介传递的有关就业方面的消息和情况，如就业政策与形势、供需情况、招聘活动及用人信息等。在现代社会中，就业成功与否不仅取决于毕业生的知识、能力、综合素质等因素，还取决于个人收集、处理、利用就业信息的能力。

一、就业信息的搜集

对面临求职择业的毕业生来说，最关心的莫过于能及时得到更多的就业信息。从某种意义上讲，谁拥有更多、更有效的就业信息，谁就能赢得择业的主动权。尤其是在我国目前毕业生就业体制处于转轨阶段，信息沟通渠道很不健全的情况下，就业信息的搜集就显得更为重要。

毕业生可通过以下渠道搜集就业信息：

(一) 各高校的主管部门

学校的毕业生就业办公室或就业指导中心是毕业生就业的重要主管部门，与

中央有关部委和各省市的毕业生就业主管部门以及有关用人单位保持着密切的联系，能及时掌握国家有关就业政策规定、地方的有关政策、各地举办"双选"活动的信息、有关用人单位简介材料及需求信息等。他们提供的信息无论是数量还是质量，都具有明显的优势，因此，这应该是广大毕业生获取就业信息的主要渠道。

（二）各级就业主管部门和就业指导机构

教育部每年都要制定毕业生就业的有关方针、政策，各省、自治区、直辖市的主管部门也要相应地制定地方性实施意见；国家教育部及各省市的毕业生就业指导机构也要开展信息交流和咨询服务。这些都是高校毕业生获取就业信息的重要渠道。

（三）各级、各类"双向选择""供需见面"会

这类活动有的是一省举办或几省联办的，有的是地、市、县联办或单独举办的，也有的是由一个学校举办或多校联合举办的，甚至有的是一个行业举办或几个行业联合举办的。通过这种活动来组织毕业生和用人单位直接见面，不仅可以直接获取许多就业机会还可以当场签订协议，比较简捷有效。

（四）有关新闻媒介

毕业生就业作为社会普遍关注的热点问题，近年来也引起了新闻界的普遍重视，有关就业政策、热门话题讲座、招聘广告等时常见诸报端。另外，教育部学生司和毕业生就业指导中心主办的《中国大学生就业》杂志以及各地人才市场报等都能为毕业生提供丰富的就业信息。

（五）各种社会关系

本专业的教师比别人更清楚你适合到什么单位就业，而且往往在科研协作、兼职教学中与对口单位有着广泛的接触；校友大多在对口单位工作，对所在单位的情况了如指掌。通过他们可以获得许多具体的、准确的信息；家长和亲友对你的就业更为关心，他们与社会的方方面面有一些联系，也可以提供就业信息。

（六）社会实践、毕业实习或业余兼职

大学生通过与社会的接触可加强与有关用人单位的联系，增进彼此间的了解，以便于直接掌握就业信息。如果两相情愿，那是再好不过的机遇了。

（七）用人单位

毕业生开始求职时可以"普遍撒网"，向自己认为适合的用人单位写自荐信，确定重要目标后，通过电话预约，然后亲自登门拜访，这种"毛遂自荐"的方式

也不失为获取就业信息、获得就业成功的途径之一。

二、就业信息的处理

毕业生在求职择业过程中获取的信息数量很大，这就要求毕业生根据自己的实际需要对搜集到的信息进行处理，去伪存真、去粗取精，提高就业信息的针对性和时效性，以便更好地为自己的求职择业服务。一般来讲，处理就业信息时，应注意以下问题：

（一）科学地掌握就业信息

毕业生在择业过程中需要掌握的就业信息很多，但要分清主次轻重。对于那些重要的就业信息，毕业生应通过正规的渠道来获取。如就业政策就应从政府机构和学校就业主管部门获取，并且应时刻关注最新动态；就业方法与技巧就应从优秀教材、就业指导课、权威专家处获取，并且注意活学活用；综合信息就应通过对比、测验、咨询等方式获取，并且应根据具体情况适时调整。这几类信息的变化幅度比较小，因而应有相对深刻的记忆和随时调用的意识。

（二）准确地理解就业信息

毕业生获取就业信息的渠道多种多样、真伪难辨，尤其是就业政策中的特殊规定、社会需求信息中的特定要求、用人单位信息中的工资福利待遇及进修培训部分，应特别注意并准确地理解，否则会使你做出错误的选择或使你的合法权益受到损害。

（三）有针对性地筛选就业信息

在处理就业信息时，应舍去不适合自己的信息，及时地、有针对性地保留或者寻找适合于自己的社会需求信息，以节省宝贵的时间和精力。

一般来说，一则较好的就业信息应该包含以下要素：

1.工作单位的全称、单位性质、上级主管部门等。

2.工作单位的发展前景和现阶段的发展实力，以及在整个行业中的排名或者在整个社会经济结构中所占的地位。

3.对从业者政治、思想、道德、品质、工作态度、学历、学业成绩、职业兴趣、职业能力、职业气质、职业技能等方面的要求。

4.对工作单位的地点、环境、工作时间、个人待遇、福利等的明确规定。

很多用人单位在进行宣传的时候，通常只提自己的优势而掩饰自己的劣势，因此，毕业生在进行情况分析时要做到充分了解，心中有数，不要被表象的东西所迷惑。

三、就业信息的科学利用

无论是搜集信息还是处理信息，最终都是为了利用这些信息来得到自己理想的工作。在经过了认真而全面的筛选之后，可将就业信息用于以下途径：

（一）尽快与用人单位取得联系

以免在自己犹豫不决时错失良机。因为，信息是具有时效性的，错过了这个时机就等于错过了这个机会。

（二）根据就业信息的要求及时调整自己的知识

技能结构，提高自己的工作能力，弥补原来的不足。如发现自己哪方面的知识不足，就主动去学习，或发现自己哪方面的技能欠缺，就赶快参加必要的训练，主动学习和掌握相应的技能，以便以后走向工作岗位后能够更快地适应工作要求。

（三）及时输出对他人有用的信息

有些信息对自己不一定有用，可是对他人却十分有用，遇到这种情况，千万不要抓住这些信息不放手。迟迟不输出对他人有效的信息，这是一种极大的浪费，也是一种不良心理的表现，是不可取的。其实，主动输出对他人有用的信息，不仅是对他人的帮助，而且他人的顺利就业自然也使你减少了一个竞争者。同时，这样做还增加了与他人交流信息、增进友谊的机会。

四、寻找发挥自己优势的职业

毕业生在择业的过程中，要根据自身的特长去寻找最适合自己的工作。人们都说：充分发挥和利用自己的长处是人生的诀窍。因此，自己的一技之长可能是改变你一生命运的巨大财富，你一定要充分地发挥和利用它。毕业生在择业时，应该选择的是自己最拿手的职业、最能充分发挥长处的职业、最能体现品质的职业，这样才能使自己的人生增值。

能力训练

1.放松训练

肌肉张弛放松训练——取舒适体位坐好或躺好，开始训练：

（1）深呼吸。请深吸一口气，然后慢慢地呼出，再做第二遍。

（2）提眉。尽量提眉，然后放松，体会放松的感觉。

（3）紧闭双眼，然后放松。

（4）咬紧牙关，放松。

（5）低头和仰头。尽量低头将下颌抵住胸口，然后放松；头尽量向后仰，然后放松。

(6) 缩肩和耸肩。双肩向前向胸部靠拢，然后放松；再将双肩向后肋挺胸，然后放松；再将双肩耸起，然后放松。

(7) 紧握拳头，紧握、再紧握，然后放松。

(8) 提肋。感觉肋骨上提，膈肌下降，胸腔扩大，呼气放松。

(9) 收腹，放松。

(10) 绷紧腿部肌肉，然后放松。

(11) 翘足。尽量将脚尖抬起，然后放松。

(12) 全身肌肉放松，体验放松的感觉。

通过肌肉张弛放松训练，可缓解或消除各种不良身心反应，如焦虑、紧张、恐惧、入眠困难等症状，达到心理平衡。另外，在应聘前有紧张或恐惧感时，通过深呼吸或一组、二组肌肉张弛训练，可以达到转移注意力，放松心情的效果。

2. 信息搜集训练

(1) 信息范围：搜集与自己专业相符、适合自身特点、有专长发挥空间的就业信息。

(2) 信息渠道：

①咨询职能部门。咨询学校毕业生就业指导机构、劳动人事部门、人才服务机构和职业介绍所，了解最新的就业动向和就业信息。

②借助媒体刊物。关注电视、广播、报纸、杂志、网络等媒体刊物上所载的就业信息，了解招聘单位的应聘条件、单位现状及人才需求等情况。

③寻求师生帮助。与老师、同学，以及已经参加工作的师哥、学姐保持必要的联系，请他们随时为自己提供就业信息。

④发挥家庭作用。请父母、亲戚朋友及他们的同事、朋友协助，有针对性地扩大信息搜集覆盖面。

(3) 信息整理：按准确性、时效性、系统性、针对性、计划性和广泛性原则，整理所搜集的就业信息。

3. 求职体验交流

与同学交流近期的求职体验，具体内容包括以下几个方面：

(1) 所做过的行业前景分析。

(2) 所做过的求职准备工作。

(3) 所使用的求职技巧。

(4) 所遭遇的求职难题或骗局。

(5) 求职成功的经验技巧或失败的心得体会。

第六章 掌握求职技巧 预防求职陷阱

第一节 面试技巧

在高校毕业生求职面试的实践中,往往有一些素质不错的毕业生,由于缺乏面试技巧和必要的准备而过不了面试这一关。因此,学习和掌握面试技巧,做好充分准备,对于应对面试这一难关是非常重要的。

一、面试的形式和内容

面试即当面测试,是用人单位对应聘者采取的诸多选拔方式中的一种,也是应聘者取得求职成功的关键一步。面试的目的主要是考核求职者的动机与工作期望;考核求职者仪表、性格、知识、能力和经验等特征;考核笔试中难以获得的信息。

(一)面试的形式

面试有很多形式,依据面试的内容与要求,大致可以分为以下几种。

1.问题式面试

由招聘者按照事先拟订的提纲考察求职者在特殊环境中的表现,考核其知识,判断其解决问题的能力,从而获得有关求职者的第一手资料。

2.压力式面试

由招聘者有意识地对求职者施加压力,就某一问题或某一事件做一连串的发问,详细具体且追根问底,直至其无以对答。此方式主要观察求职者在特殊压力下的反应、思维敏捷程度及应变能力。

3.随意(自由)式面试

招聘者与求职者海阔天空、漫无边际地进行交谈，气氛轻松活跃、无拘无束，双方自由发表言论，各抒己见。此方式的目的是在闲聊中观察应试者的谈吐、举止、知识、能力、气质和风度，对其做全方位的综合素质考查。

4. 讨论式面试

讨论式面试近来成为许多企业偏好的一种面试形式。即一组应聘者围绕一个问题进行讨论，面试官根据每个面试者的表现和结果选择录用对象。应用方式可使应聘者更自然地展示自己的性格和能力。

小组讨论先让应聘者作自我介绍、主题演讲，接下来进入集体游戏或讨论一个问题，对应聘者作进一步考察。不论何种形式的讨论，考察的是个人能力和团队合作能力的综合。因此要把握好个人表现与小组表现的平衡，切忌以自我为中心，做出只顾自己表现不注意小组其他成员的行为。例如，急于打断别人的发言或在别人发言时忙着整理自己的发言提纲。

5. 情景式面试

由招聘者事先设定一个情景，提出一个问题或一项计划，请应聘者进入角色模拟完成，其目的在于考核应聘者分析问题、解决问题的能力。

6. 综合式面试

招聘者通过多种方式考查求职者的综合能力和素质，如用外语与其交谈，或要求即时作文或写一段文字，或即兴演讲，甚至操作计算机等，以考查其外语水平、文字能力、书面及口才表达等各方面的能力。

7. 隐蔽式面试

这是一种特殊形式的面试，主考官主要通过暗中观察应聘者的言行举止来决定对其的评价。这种方式因其隐蔽性可以使主考官获得应聘者在自然状态下的真实表现，故受到一些用人单位的欢迎。而毕业生常常因为其隐蔽性而放松警惕，有的甚至在这种面试中失败了也懵然不知。

在实际面试过程中，主考官可能只采取一种面试形式，也可能同时采用几种面试形式。但无论面试的形式怎样变化，目的只有一个：考察应聘者的专业知识背景、智商、情商、仪表、气质、口才和应变等综合能力。可以说，面试是对一名毕业生进行综合素质测试的考场。

（二）面试的内容

面试的内容，指面试时需要测评的应聘者的基本素质内容。面试测评的主要内容有以下几种。

1. 仪表风度

这是指应聘者的体型、外貌、气色、衣着举止和精神状态等。研究表明，仪表端庄、衣着整洁、举止文明的人，一般做事有规律、注意自我约束、责任心强。

2.专业知识

对专业要求较强的岗位，在面试中，主考官往往会对应聘者提一些专业方面的问题，以了解应聘者掌握专业知识的深度和广度，考查其专业知识是否符合所要录用职位的要求。

3.实践经验

一般面试官会根据应聘者的个人简历或求职登记表，作相关的提问，了解应聘者有关背景及实习实践经历，以补充、证实其所具有的实践经验。通过实践经验的了解，还可以考察应聘者的责任感、主动性、思维能力、口头表达能力及遇事的理智状况等。

4.口头表达能力

口头表述能力的考查主要是看面试中应聘者能否将自己的思想、观点、意见或建议顺畅地用语言表达出来。考察的具体内容包括：表达的逻辑性、准确性、感染力、音质、音色、音量和音调等。

5.综合分析能力

综合分析能力的考查主要是看面试中，应聘者是否能对主考官所提出的问题通过分析抓住本质，并且说理透彻、分析全面、条理清晰。

6.反应能力与应变能力

反应能力与应变能力主要是看应聘者对主考官所提的问题理解是否准确贴切，回答是否迅速、明了；对于突发问题的反应是否机智敏捷；对于意外事情的处理是否妥当等。

7.人际交往能力

在面试中，主考官往往通过询问应聘者经常参与哪些社团活动，喜欢同哪种类型的人打交道，在各种社交场合所扮演的角色，来了解应聘者的人际交往倾向和与人相处的技巧。

8.工作态度

对工作态度的考查一是了解应聘者对过去学习、工作的态度；二是了解应聘者求职应聘的态度。一般认为，在过去学习或工作中态度不认真，做什么、做好做坏都无所谓的人，在新的工作岗位也很难做到勤勤恳恳、认真负责。

9.求职动机

了解应聘者为何希望来本单位工作，对哪类工作最感兴趣，在工作中追求什么，来判断本单位所能提供的职位或工作条件等能否满足其工作要求和期望。

10.兴趣与爱好

主考官通过对应聘者提一些诸如休闲时间从事哪些运动，喜欢阅读哪些书籍以及喜欢什么样的电视节目，有什么样的嗜好等问题，来了解应聘者的兴趣与爱好，以利于录用后的工作安排。

此外，面试时主考官还会向应聘者介绍本单位及拟聘职位的情况与要求，讨论有关工薪、福利等应聘者关心的问题，以及回答应聘者可能要问到的其他一些问题等。

二、面试前的准备

古语云："凡事预则立，不预则废。"面试前的准备相当必要，大致有以下几个方面：

（一）深入了解用人单位

俗话说："知己知彼，百战不殆。"因此，在面试前了解用人单位的情况显得尤为重要。一般来说，毕业生可通过用人单位的内部宣传资料、网站、杂志、报纸、广告宣传手册和新闻媒体的报道等渠道来了解用人单位的性质、规模、特色、组织机构、财务状况、发展前景、企业信誉等情况；了解用人单位对员工的职责、工作要求以及给予员工的报酬、培训等情况；了解用人单位招聘职位的性质、工作内容、所需知识和技能。若事先对这些情况一无所知或知之甚少，则在面试时容易处于被动的境地，也容易对用人单位招聘人员造成"你不关心我单位"的不良印象，从而影响面试成绩。

（二）充分准备材料

参加面试要带好自荐信、个人简历、成绩单以及有关证书（正本和复印件）等材料。有关证书包括学历证书、各类获奖证书，以及外语、计算机、职业技能等级证书。如果应聘外资企业，最好将自荐信、个人简历等材料准备为中英文对照格式。即使曾经发过求职信和个人简历，也应该再带上一份材料，以备用人单位查看。并且，所有准备好的文件都应该按顺序整理，以便取用。

（三）面试训练准备

刚毕业的大学生缺乏求职面试经验，在面试前有必要进行一些面试技巧训练，面试技巧的训练包括口才训练、反应训练、礼仪训练等。大学毕业生可以通过学校就业指导课或讲座来学习、查阅有关面试的指导书籍、模拟面试等途径进行训练。

（四）调整心情

面试时一定要精神饱满，因此在参加面试前要适当放松，搞好个人卫生，调节自己的生活规律，保证充分的休息时间，以饱满的精神状态面对主考人员。

（五）独自前往

在各类面试及咨询中，一定不要让自己的父母或亲戚朋友陪同，要独自前往。这样，可以避免用人单位怀疑个人的自信心和独立能力。

（六）遵守约定时间

参加面试，最好比约定时间提前达到面试地点，以稳定自己的情绪和做好面试准备。如果有意外情况，最好能够在面试前通知用人单位，告知自己不能准时到达面试地点。一般提前10分钟到达，绝对不可以迟到。到达用人单位后礼貌对待前台接待，在规定的地方等候，不可随意走动。

三、求职面试礼仪

穿着和举止打扮可反映出一个人的修养和生活风格，仪表往往能决定招聘者对应聘者的第一印象。面试环节中，面试者在面试中所体现出的礼仪问题，在很大程度上影响着面试的成绩。

（一）面试仪表

1.面试着装

服饰能够反映出一个人的文化水平、修养和气质，它是一种重要的体态语言。从某种程度上来说，外表装束更能反映一个人的心态。应试者参加面试时应做到着装整洁、大方、符合职业形象；服饰搭配协调，比较适合大学毕业生的面试需要。

在应聘不同岗位时，应根据所应聘的工作性质和类型，确定自己的穿着。例如，应聘技术人员等具体操作岗位，应穿朴素一点；去广告公司应聘，则不应穿古板落俗的衣服；若从事比较活泼的行业（例如营销），则服饰上可适当有些图案，以显朝气。

应试者的衣着服饰要注意以下几个方面：

（1）女同学忌讳服饰过于繁杂、鲜艳，应避开大红、橙色与粉红、紫色等颜色。

（2）男生穿深色西装，领带、衬衣袖口要注意清洁。

（3）尽量减少佩戴首饰，要突出大学毕业生年轻有朝气的一面，以清新的形象示人

（4）皮鞋要擦去灰尘和污痕，鞋带要系牢。男生的鞋子颜色一般不要比裤子颜色淡。女同学不要穿鞋跟过高的鞋子。

2.化妆与发型

化妆与发型也很重要。面试前，应整理仪容，头发清洗干净，梳理整齐。不

要染怪色头发。男同学不要留小胡子，不要留长发。女同学不要浓妆艳抹，不要用浓烈的香水。女性可适当化淡妆。

（二）面试举止

举止是无声的语言，主要通过人的表情、姿势、动作等表现出来。它是一个人是否具有修养的表现。面试时应注意以下几个方面：

1. 敲门进入面试室

进入面试室前应先轻轻敲门（门一般是关着的），得到许可后方可进入。注意敲门不可用力太大，也不可未进门前先将头伸进来张望一下再进门，更不可大大咧咧地直接推门而入。进门后，应轻轻地转过身去关上门。

2. 主动与主考官打招呼

进入面试室后，应主动与主考官打招呼，可点头微笑，也可问候，如"上午好""下午好""各位领导好"若主考人员没有主动伸手与你握手，无须主动要求握手。要有礼貌地告诉主考官自己是谁，做到举止大方、谈吐高雅、态度热情。

3. 回答问题时精神集中、态度诚恳

面试时回答问题精神要集中，力求给对方以诚恳、沉稳、自信的印象。诚实地讲出自己能做什么，不能做什么，切忌含糊其辞。根据听者的反应适时调整自己的语言表达方式，冷静地保持不卑不亢的风度。

在语言方面，毕业生谈话的内容和说话的方式同等重要。只要讲话条理清晰，并通过表情、声音、语调等诸方面的配合，传达出自己真诚、热情、乐观、大方的态度，就会收到良好的效果。

4. 微笑待人

俗话说："面带三分笑，礼数已先到"。微笑是自我推荐的润滑剂，是礼貌之花、友谊之桥；是自信的象征，是心理健康的表示或标志。所以，求职时面带微笑会提高求职的成功率。面试者要善于微笑，微笑必须真诚、自然。只有真诚、自然的微笑，才能使对方感到友善、亲切。微笑要适度、得体。适度就是要笑得有分寸、不出声，含而不露，不能哈哈大笑、捧腹大笑；得体就是要恰到好处，当笑则笑，不当笑则不笑，否则会适得其反，给对方留下不好的印象。

5. 面试时的姿势

俗话说："站有站相，坐有坐相。"进入面试室落座后的姿势最为重要。正确的坐姿是：全身放松，两腿自然并拢，手放在膝上，挺直腰板，身体微向前倾，坐时既不可坐得太浅，也不能坐得太深（只坐椅子的三分之二）。正确的坐姿，让人看见后会感觉到应聘者精神振奋，朝气蓬勃。

需要注意的是：不要有小动作，如下意识地看手表（让主考人觉得你对面试或提问有些不耐烦）；或跷二郎腿，不停地抖动；或坐时双腿叉开，摇晃不停；或用手掩口；或讲话时摇头晃脑；或用手不停地挠后脑勺；或不停地玩弄随身携带的小物件等。这些小动作会使主试人分神，并很有可能引起他们的反感。

6.认真地倾听并注意目光的交流

面试时与主考人员保持视线的接触，是交流的需要，也是起码的礼貌，更是应聘者自信的一个表现。面试时若回避对方的目光，会被对方认为你或许太胆怯，心中无底；或许太傲气，不将主考人放在眼里。正常状态下，应聘者应将大部分时间望着向自己发问的那位主考人，但不要一直将目光死盯着对方的眼睛。正确的方法是把目光放在对方额头或鼻梁上方，保持目光的自然轻松、柔和，传达出你的真实思想，这样会让对方觉得你是在聚精会神地和他交流。多个面试考官在场时，应适时地环顾其他考官以表示你对他们的尊重。

7.在语言方面应注意的问题

（1）谈话时若无特殊情况不可随便打断别人的讲话，即使是有某种原因，也要以适当的方式插话。

（2）面试者要善于使用手势语，注意要得体、协调。手势语并非多多益善，要适量，尽量简练。同时，手势语使用的频率、摆动的幅度以及手指的姿态等都应和谐地配合有声语言传递信息。过多、过杂且不注意姿势的手势动作，会给人以张牙舞爪和缺乏修养之感。而过多地使用"呢、啦、吧、啊"等语气词或者口头禅，会使考官心烦意乱，也会让考官以为求职者信心不足，准备工作也做得不充分。

（3）讲话时普通话应力求标准，不可讲错字或念错音，最好不用方言。若是涉外单位，还应做好用英语面试交谈的准备。

（4）讲话时不可以自负的方式和语气说话，即话不能说得太满，当然也不必过于谦虚。

8.微笑告辞

当主考人示意面试结束时，应微笑起立，感谢用人单位给予面试的机会，然后道"再见"，没有必要握手（除非主考人员主动伸出手来）。如果进入面试室时有人接待或引导，离开时也应一并向其致谢、告辞。

（三）面试禁忌

1.迟到。迟到是面试中的大忌，没有什么比迟到更让用人单位反感的了。面试时要准时，这是对求职者最起码的要求，准时代表着一个人的基本素质和修养。不准时的人，会让人觉得没有责任感。如果是因为堵车或者地方不熟悉，应该立即与用人单位取得联系，讲明情况。

2.完全被动。主要是表现为默不作声,主考官再三诱导也只回答"是、不是、好、可以"等简单的字符。考官不说话时,也不会适时提问,而造成长时间的静默。这样的求职者必然让用人单位失望。

3.傲然自大。有些求职者三番五次质询用人单位的规模、升级制度、在职培训情况,以及问他们能让自己担当什么职务或准备给多少薪水等,而对用人单位提出的问题不肩一顾,或是无礼打断主考官的问话,未经同意就大声说话、吸烟,甚至反问主考官,让其下不了台。

4.不当反问。例如,主考官问:"关于工资,你的期望值是多少?"应聘者反问:"你们打算出多少?"这样的反问很不礼貌,好像是在谈判,很容易引起主考官的不快和敌视。

5.急于套近乎。具备一定专业素养的面试官是忌讳与应聘者套近乎的,因为面试中双方关系过于随便或过于紧张都会影响面试官的评判。过分"套近乎"也会在客观上妨碍应聘者进行专业经验与技能的陈述。聪明的应聘者可以列举一至两件有理有据的事情来赞扬招聘单位,从而表现出你对这家公司的兴趣。

6.超出范围。在面试快要结束时,主考官问求职者:"请问你有什么问题要问我吗?"若应聘者反客为主地询问:"请问你们公司的规模有多大?中外方的比例各是多少?董事会成员里中外方各有几位?你们未来5年的发展规划如何?"连珠炮似的问题让主考官几乎哑口无言,结局自然不妙。

7.盲目应试。应试者择业意向不明确或对用人单位及招聘岗位的要求不清楚,"有病乱投医",盲目应试赶场,结果自然以失败告终。

四、面试后的努力

面试结束后,能否被录取尚为未知数,面试官事后还要对应聘者重新审视,如果能在招聘单位最后做出决定之前做些积极的努力,或许还能改变自己的命运。

(一)回顾与反省

应聘者在面试结束后要仔细回忆和分析面试场景,从以下问题中找出自己的不足,以便进一步做出有效的努力。

1.出现的面试官姓名和职位?
2.单位的要求是什么?
3.首要目标和最大的挑战是什么?为什么我能做好这份工作?
4.哪些问题没有回答好?为什么?双方共同认为下一步应该做什么?
5.和面试官最后几分钟谈话内容是什么?

在对上述问题进行分析和总结后,若有机会应该虚心地向招聘者请教自己有哪些欠缺，以便今后改进。这样，既可以给招聘者留下良好的印象，也会使自己取得进步。

（二）与招聘者保持接触

1.应试者不要忘记在面试结束的一两天内向面试人员和其他人员写一封感谢信：一是感谢对方的面试机会；二是说明自己留下了愉悦的印象和感受；三是再次表明对此工作的兴趣和信心。面试后的感谢信所起的作用主要有引起招聘者的注意，加深印象；可以澄清面试中可能的误解，消除对方疑虑；可以补充资料，补充说明；提供重申工作职位的机会，表明诚意，给对方信心。最好能在面试结束后24小时内将感谢信发出。

2.有的情况下可能会有第2轮的面试，甚至第3轮的面试，面试的团队也越来越大，需要做相应的准备。

3.在面试后的一周左右和合适的时间里，主动打电话询问面试结果，在其后的一个月中可以多次去电话询问，但是不要过于频繁，以免引起对方的反感。

如果在一个星期内，或者依据招聘者作决策所需的一段合理时间之内没有得到任何音信，可以给负责人打个电话，问其"是否已做出决定了"。这个电话可以表示出自己的兴趣和热情，还可以从他的口气中听出你是否有希望得到这份工作。如果在打听情况时察觉出自己有希望中选，但最后决定尚未做出，可以过段时间后再打一次电话询问。

每次打过电话之后，还应该随后寄出短信，重申自己的优点、对所应聘职位的兴趣、为公司发展所能做的具体贡献和希望早日得到回音等。这些对于求职的成功都有很大的帮助。哪怕招聘者已经暗示你可能落选了，也可寄一封短信表明即使没有成功，但也很高兴有面试机会。这样做不仅仅是出于礼貌，而且还能使招聘者在其公司出现另一职位空缺时想到你，创造出一个潜在的求职机会。

第二节 笔试技巧

大学生对笔试并不陌生，但应注意求职择业过程中的笔试与在校期间课程考试之间的不同之处，应做好笔试的准备工作，掌握笔试的方法和技巧。

一、笔试的作用及种类

笔试是用人单位对应试人员的一种考核办法，目的是考核应聘人员的文字能力、知识面和综合分析问题的能力。

笔试具有三个显著的特点：一是客观性。试题依据一定的内容和客观标准拟制,评卷依据客观尺度,人为干扰因素少,具有较强的区别功能。二是广博性。试题可以多种多样,测试范围广泛,结果的可信度较高。三是经济性。可在同一时间不同的地点,同时考核大批应试者,提高考试的效率。

(一) 笔试的作用

笔试的作用主要体现在以下几个方面:

1.笔试是用人单位对求职者的基础知识、专业知识、文字表达能力和书写态度等综合能力的一次有据可查的测试。

2.笔试可以防止任人唯亲的不正之风,也可以作为求职者能力的留档记录。

3.笔试的结果是根据一定的标准答案评定出来的,它弥补了面试结果往往是根据个人爱好、感情用事评分的缺陷。笔试得出的分数往往可靠、真实且排名简易。对求职者们来说是一次公平的竞争,对用人单位来说是检查和核实求职者真才实学的办法。

4.笔试的试卷是决定求职者去留的最科学的法律文本。因此,笔试是用人单位测试求职者的重要砝码。

(二) 笔试的种类

常见的笔试种类主要有以下几种。

1.专业考试

专业考试主要是为了检验应试者的专业知识水平和相关的实际能力。一般用人单位在接收毕业生时,学校提供的推荐表及成绩单,再辅以自荐材料就可以了解其基本的知识能力等情况。但也有一些特殊的用人单位,需要通过笔试的方式对求职者进行文化专业知识的再考核。值得引起注意的是,这种考试方式已经被越来越多的热门单位所采用。例如,外贸外资企业招聘职员要考外语水平,金融单位要考金融专业知识,公检法机关录用干部要考法律常识等。

2.心理和智商测试

心理测试是用事先编制好的标准化量表或问卷要求应试者完成,根据完成的数量和质量来判定其心理水平或个性差异的方法。一些用人单位常常以此来测试求职者的态度、兴趣、动机、智力、个性等心理素质。有些用人单位还对应试者进行智商测试,其目的主要是考查应试者的观察问题能力、综合分析能力、思维反应能力。智商测试主要为一些著名跨国公司所采用,他们对毕业生所学专业一般没有特殊要求,但对毕业生的素质要求较高。

3.技能测验

技能主要包括毕业生熟练操作和使用计算机、英语会话和阅读能力,以及在财会、法律、驾驶等方面的能力。技能测验实际是考查毕业生的动手能力和实践能力。

4.命题写作

用人单位通过论文或公文写作的形式考查应试者文字表达能力及分析归纳能力。例如，限时写出一份会议通知、请示报告或某项工作总结，也可能提出一个论点，让应试者予以论证或辨析等。

5.国家公务员录用考试

公务员的录用考试一般分两步进行。第一步是全国或全省统一的资格考试，考试的内容综合性较强，包括行政能力测试和论文等，题量较大。公务员的统一考试就如一张入场券，通过考试是想去某一个机关成为一名公务员的必备资格。第二步是面试。达到规定分数线的毕业生，可参加用人单位的面试，这次面试一般由该单位的相关负责人与毕业生进行面谈。

二、笔试前的准备

求职过程中的笔试不同于学校平时的考试，用人单位的出题方式远比学校灵活多样。在参加笔试之前，毕业生应当针对不同笔试类型适当地做一些准备，以便充分发挥自己的水平，争取好成绩。

（一）了解笔试内容，做到心中有数

笔试的主要内容包括基础知识和专业技能，以及与专业知识招聘单位有关的某些知识和技能。不同的笔试类型，有不同的考试内容，毕业生在考前应做详细地了解，针对不同的情况做相应的准备。笔试成绩与毕业生平时的努力也有很大的关系，如果毕业生兴趣广泛，平时注意吸收各种信息，考试时就能驾轻就熟、得心应手。

（二）掌握复习方法，进行认真复习

复习已学过的知识是准备笔试的重要方式。大学期间学习的专业知识精深繁多，掌握有效的复习方法，可事半功倍。

1.掌握技巧

用人单位比较重视考核应试者对所学知识的应用能力。因此，应试者在复习的过程中，要理论联系实际，注意用理论知识解决实际问题，学以致用；把与招聘职位相关的各方面知识进行认真梳理，以便全面把握；注意提纲挈领，掌握重点，提高效率；在平时就应广泛阅读相关知识，扩大知识面，提高阅读能力，以备应试时能应付自如地回答各类问题；为了适应招聘考试中的题量，还应培养自己快速阅读、快速思维和快速答题的能力。

2.计划周全

在笔试前应制订一份合理的、具体的、切实可行的复习计划，安排好复习的内容，合理利用时间。

（1）对考前复习的情况进行具体分析，包括需要复习的内容，自己掌握知识和能力的情况，有多少复习时间及如何分配等。

（2）妥善安排复习时间和内容，计划出每一科复习大致需要多少时间，每一阶段要达到什么目标，复习什么内容。不仅要有总的复习目标，还应有阶段性的目标。复习计划中的复习活动要多样化，各科复习交替进行。

（3）复习计划制订后要严格执行，以顽强的意志控制自己的复习。要增强战胜困难的信心，采用限时量化复习的法，加快复习速度，提高复习效率。

（4）要有张有弛，劳逸结合，防止过度疲劳，以充沛的精力确保复习计划的执行。

3. 方法得当

在复习中应掌握科学的、适应自己的记忆方法。

（1）归纳提炼法。将大量的知识归纳提炼为几条基本理论，用一个简明的表格、提纲或几句精练的语言准确地写下来；把个别的概念、定义、定律和定理放到知识的体系中贯穿思考，并弄清楚相互联系、衔接，列出他们的相似点和不同点，抓住概念、定义、公式、定律等基础知识；对于容易混淆的概念或法则用对比的方法进行辨析，弄清相互间的联系和区别。

（2）系统排列法。先将知识进行归纳提炼，对归纳提炼出来的知识点，进行取同去异，使其按一定的规律系统地进行排列。在系统排列时，可以以某些相同的或相似的特征为基础，不断地把较小的组或类联合为较大的组或类，也可采用相反的方式，依据对象的某些特征或特征差异为基础，把它划分为较小的组或类。通过这种系统排列，组成一定的顺序，能够找出各知识点之间的联系和关系，更好地认识其特性。

（3）串连建构法。在系统复习的基础上，对章节与章节、单元与单元进行各种串联，做更高层次的理解；对已掌握的知识进行整理、归纳、分类、列表，以形成自己的知识体系，建立起良好的认知结构；逐个章节复习，找出难点、重点；在全面复习后，最后把整个的知识点在串联一遍。这种方法可以改变一味死记硬背的方法，从整体上把握知识。

（三）熟悉考试环境，做到有备无患

熟悉考试环所境，首先是了解考场的设置情况，如自己在的考场大小和空间位置、考场里面的装饰及采光等方面的情况，重要的是要弄清自己座号的具体位置。其次，还要熟悉一下存包处及卫生间等地方。对于应试者来说，不仅要熟悉

考场环境，还应熟记考场规则，并将每场考试的起止时间、作答要求等重要事项牢记于心。

（四）保持良好的身心状态

求职笔试不同于高考，但却是用人单位挑选招聘人选的重要参考。参加笔试需要良好的心理素质。临考前，一是要正确评价自己，树立自信心，调整好心理状态；二是要保持充足的睡眠，以避免考试时精神不振，影响正常思维；三是可以在考前适当地参加一些文体活动，从而使高度紧张的大脑得到放松休息，以充沛的精力去参加考试。

三、笔试的方法和技巧

笔试成绩的高低，不仅与自己的实际水平和考前复习有关，还与自己的答题技巧有关。要提高答题技巧，就要了解考试的特点，掌握解答各类题目的方法，以全面展现自己已掌握的知识，充分发挥自己的真实水平。参加笔试时主要应注意以下几点。

（一）增强自信心

笔试怯场，大多数是由于缺乏自信心所致。要客观冷静地对自己进行正确评估，相信自己的实力，才能克服自卑心理，增强自信心。应聘笔试同高考不同，高考是"一锤定音"，而求职应聘考试则可能会有多次机会。考试前适当放松心情，调整好精神状态去应试。

（二）掌握科学的答卷方法

拿到试卷后，首先应通览一遍，了解题目的多少和难易程，以便掌握答题的深度和速度，合理安排答题时间；然后按先易后难的原则安排答题顺序，不要被难题所困而耽误时间；最后要尽量留出时间对容易出错的地方进行复查，特别注意不要漏题、跑题或出现错别字、语法不通、词不达意等错误；答题时行距和字迹不要太小，卷面字迹要力求认真清晰，书写过于潦草，字迹难以辨认也会影响考试成绩。因为求职笔试不同于其他专业考试，有些题目并没有明确的答案，认真的态度、细致的作风、新颖的观点则会大大增加被录用的可能性。

第三节　谨防求职陷阱

大学生求职的道路上虽然充满了成功的机会和希望，但是同样也潜藏着许的陷阱和骗局。刚刚离开校园的大学生对社会的阅历不足，很容易被各种各样的假象所蒙骗，因此，大学生要提前了解各类求职陷阱，以避免不必要的损失和伤害。

一、大学生常见的求职陷阱

有的大学生在寻找就业单位时会陷入求职陷阱，有的在应聘途中会陷入求职陷阱，还有的在录用后才发现自己深陷骗局之中。归纳起来，求职陷阱大体有以下几种表现形式：

（一）树上开花

这种求职陷阱一般有以下三种情况：一是用人单位为了打响企业的知名度或者其他一些目的，大张旗鼓地做广告、发信息，声称要招聘"高级主管1名""业务经理1名"，年薪若干，待遇优厚等，应聘者如云；二是一些面临倒闭的企业为了躲避债权人的追债而大量做广告、发招聘信息，给人一种不断发展壮大的错觉，来掩盖实际上的财务危机；三是企业利用高薪吸引别人的注意，来达到炒作的效果。因此，毕业生在求职的过程中，遇到这些情况不要信以为真，而应该多方考证后再作决定。

（二）偷梁换柱

像业务员等非常辛苦、薪水又低的工作，通常是大学生不愿意从事的工作，也因此成为许多公司招聘的难题。为了解决这些难题，有些公司就用招聘文秘、会计、行政人员、电脑操作人员等为名向社会招聘。等到进入工作岗位后才发现所有员工都要从业务员干起，这让许多刚毕业的大学生直呼上当。

（三）浑水摸鱼

浑水摸鱼的公司一般都是实力比较差的企业，他们没有足够的财力聘请专业设计人员设计产品，而以招聘企划或设计人员为名，要求求职者必须依照公司的要求做一份方案或设计图，然后再推说人员已经招满或作品不合乎要求等。这样就采用欺骗性的手段获得了众多求职者的作品，而不需要花费高额的设计费用。高校毕业生在求职时一定要谨防被这类公司浑水摸鱼，窃取了自己的劳动果实。

（四）瞒天过海

这种求职陷阱通常有以下两种情况：一是用人单位近期将有大项目启动或有新产品试制等，急需大批人才，而这些人才在项目完成或市场成熟后又完全失去作用，这就促使企业大量招聘，并采用试用期内以各种理由裁员的方式来减少开支，又保证人员的充分利用；二是一些非法犯罪团伙利用高校毕业生求职心切的心理，打出"名企"招聘的招牌吸引大学生加入，等到其发现上当受骗时，想要逃出已经非常困难了。因此，高校毕业生在求职时一定要加强法律意识和自我防范意识，用法律武器来保护自身的安全和合法权益。

(五) 金蝉脱壳

某些非法机构或犯罪分子在某一地方临时租用一间办公室，然后到处张贴或发放虚假招聘信息。待有求职者前来面试时，再以收取报名费、押金、服装费、培训费、办证费等手段，非法收取求职者的钱财，然后告知几天后来正式上班。当求职者前来报到时发现已是人去楼空。再有就是一些中介机构先用高薪信息吸引大学生前去面试，然后再收取一定的费用。

试用期是指包括在劳动合同期限内，劳动关系还处于非正式状态，用人单位对劳动者是否合格进行考核，劳动者对用人单位是否符合自己的要求进行了解的期限。劳动合同期限3个月以上不满1年的，试用期不得超过1个月；劳动合同期限1年以上不满3年的，试用期不得超过2个月；3年以上固定期限劳动合同和无固定期限的劳动合同，试用期不得超过6个月，且试用期包括在劳动合同的期限内。

二、求职陷阱的预防及应对

在这个充满竞争，就业形势不乐观的年代，大学生在求职过程中，一方面要保持勇往直前的精神，另一方面也要提高警惕，预防求职陷阱。

(一) 提高警惕

在求职的过程中应当保持平衡的心态，不急躁、不轻浮、不虚荣，对待遇优厚但招聘要求却很低的用人单位要特别加以防范，应充分了解其背景和运营情况，在不了解实情的情况下，万不可盲目地应聘。

(二) 多了解、多打听、多思考

大学生在求职的过程中，应充分利用网络资源、媒体资源以及其他一切可利用的资源，多方面、多层次地了解用人单位的运营现状、规模、性质、信誉度等情况，防止用人单位利用招聘信息制造骗局。

(三) 谨慎应聘

当发现用人单位有异常举动时，如安排的招聘地点非常隐蔽或只在夜间招聘等，都要加倍小心，绝对不可贸然前去；应聘前后应与亲人、同学保持联系；应聘中，发现用人单位一开始就要收取押金、培训费等费用时，应当提高警惕，拖延时间暂缓缴费；还应向用人单位的正式员工详细咨询关于公司的管理制度、用人制度等信息，以确保就业安全。

(四) 注意自身信息安全

一些居心叵测的用人单位还利用求职者提供的个人信息进行一些违法活动。

因此，大学生在求职的过程中，应当特别留心自身的信息安全。一般情况下，应聘时不要填写过分详细的信息资料，如家庭详细地址、家人联系电话等；上交证件时也要尽量避免交出原件。

（五）及时寻求法律保护

求职大学生一旦发现上当受骗，要及时向用人单位所在地投诉和报案。若被投诉对象为合法机构，求职者可以找劳动部门；若被投诉对象是无证无照经营的中介公司，求职者可以同时投诉到工商、劳动部门；若受骗情况特别严重、被骗金额较大，可以直接到公安部门报案。

三、非法传销

（一）传销的五大骗术

1. 制造"感情"假象

搞传销的人最先从自己身边的亲人、朋友下手，即所谓的"杀熟"。先找各种理由诱骗他们前往某地；在车站接人时，先把自己梳洗打扮一番，以便给对方留下良好的印象，主动帮助对方拿东西，嘘寒问暖，尽量做到热情、周到；谈话的内容以情感拉拢为主，绝口不提传销的事情。

2. 灌输"暴富"理论

传销者通过讲课、培训等方式对受骗者进行洗脑，让受骗者产生改变自己现状的强烈愿望。讲课人捏造各种所谓的"亲身经历"，将怕、靠、懒、拖、面子等归结为影响成功的因素，宣扬读书无用论，灌输速成、暴富理论，打出"你想成为百万富翁吗？赶快加入传销网络，下一个百万富翁就是你！"等极具诱惑力的宣传语，蛊惑人心。

3. "直销"掩盖"传销"

初入传销组织，需要上很多的培训课。而讲课人绝对不说自己是在搞传销，而是说在开展合法的直销，以掩盖其真实面目。

4. "磨砺意志"培训

所谓的"磨砺意志"就是每天安排人到市场捡菜，而且只能捡别人扔在地上的菜，休息时，男的睡地板，女的睡床铺，以激发受骗者大干一番事业的热情，即"吃着烂菜根想致富，今天睡地板，明天当老板"。

5. 实施"三捧"法则

所谓的"三捧"法则，即捧"公司"、捧"上线"和捧"公司理念"，积极营造一种感恩的心态。他们还按照"ABC"法则进行思想游说，即A带来B之后，A不能做B的思想工作，而是让C来对B进行思想灌输，A只负责吹嘘、神化C。

(二) 大学生易陷入传销陷阱的原因

1. 大学生自身的不成熟

大学生刚刚离开父母的监管，自立意识较强，但同时又涉世不深，思想单纯，缺乏社会经验和识别能力，容易轻信他人，上当受骗。此外，大学生叛逆心理强，对生活的期望值过高，强烈渴望成功和实现个人价值，缺乏对自身的正确评价，加之好奇、虚伪、从众、模仿的心理作祟，使得大学生更容易接受传销。

2. 社会因素的影响

一方面，社会上流行的"金钱与地位是衡量成功的唯一标准"的狭隘思想在一定程度上影响了大学生正确价值观的形成，致使有些大学生成为传销组织的"忠实信徒"。另一方面，目前我国对打击传销的立法不足、反传销氛围不浓厚、人才市场不完善以及对传销的打击力度不够等也是大学生涉足传销活动的重要原因。

3. 现代教育的缺失

目前，高校教育往往只重视专业教育，而忽视了大学生思想教育，对大学生如何树立正确的人生观、价值观、就业观，以及对如何抵制社会上不良现象等教育不够，一些大学生缺乏对传销的抵抗力，在"高薪""暴富"的诱惑面前，往往控制不住，很容易陷入传销泥潭。另一方面，家庭教育的单向、不平等和强制的方式使得大学生形成了偏执和逆反的心理。

4. 传销活动的欺骗性和隐蔽性

传销活动最大的特点就是欺骗性，传销组织者紧紧抓住大学生求职心切、急功近利的心理和不谙世事的经历，采取谈心、洗脑、亲情交流等方式，大肆鼓吹、编造"好工作""高收入"等美丽的谎言，从心理上使受害学生自愿参与传销活动。当今，传销更是通过网络延伸到了大学校园。它们以电子商务等作为幌子，在互联网上发布信息，实施变相传销活动，使一些辨别力不强的学生上当受骗。

(三) 预防大学生陷入传销组织的对策

1. 大学生应增强防御能力

从大学生自身来讲，首先要树立正确的成功观和就业观。成功是循序渐进的，是脚踏实地的努力，不能幻想一夜成名、一夜暴富。只有勤劳的付出，才会有所回报。大学生还要积极接受学校、家庭的正确建议，多和同学交流，积累社会生活经验，提高辨别是非善恶的能力，从根本上杜绝被传销团伙欺骗的可能。

其次，大学生要认清传销的本质，自觉增强免疫能力，积极通过报纸、杂志、广播、互联网等媒介以及其他人所经历的正反事例深入了解传销的基本特点及其内在本质，形成对传销的正确认识，坚决与传销行为划清界限，不为传销组织者所蛊惑。

最后，大学生要积极开展自我教育。自我教育是一种对自己的品行进行自我认识、自我监督、自我克制和自我改正的过程，也是一个不断进行自我完善的过程，它有助于大学生更加正确地认识和判断自我。

2.社会应承担相应责任

首先，加大对传销的关注和打击力度，建立既有分工又相互协作的齐抓共管、上下联动的健全工作格局，并设立专门的传销活动举报通道，充分运用行政执法手段查处传销活动，对于涉嫌违法犯罪人员要交由司法部门依法惩处。

其次，充分发挥新闻媒体的作用，有针对性地在校园周边地区加大对传销危害的宣传力度，采取正面宣传与现身说法相结合的方法，以教育群众、警示社会。

最后，严格立法，切实做到有法可依。现有的《禁止传销条例》中对组织策划传销和"介绍、诱骗、胁迫他人参加传销"的传销骨干制定了相应的惩罚措施，但对于传销活动的参与者、盲从者和变相帮助者等却没有具体的惩罚措施，仅是以教育遣散了事，这无疑在一定程度上助长了传销的回潮和蔓延。因此，行政立法机关应尽快制定相关法律法规，明确对传销活动参与人员的处罚措施，做到有法可依，以真正达到标本兼治的功效。

3.学校应发挥主导作用

首先，老师要密切关注和了解学生的思想、心理变化，帮助学生提高判断是非、抵御各种错误思想的能力。学校还应该开设相应的课程，通过讲解专业知识、剖析典型案例等，引导学生增强识别传销的能力。

其次，学校要加强校园安全建设，强化校园管理，要把防范传销进校园工作纳入学校安全管理工作制度，严禁任何传销组织及人员在校园内进行任何形式的宣传、蛊惑及诱骗活动。

最后，要建立健全大学生就业引导机制。高校要加强大学生就业技能的培训，大力宣传国家就业政策，及时为学生提供可靠的就业信息；帮助学生树立艰苦创业、勤劳致富的就业观和财富观，使其选择适合自己发展的合法的就业岗位。

（四）大学生被困传销组织时的应对策略

1.记住地址，伺机报警

大学生一旦发现自己陷入传销组织后，应第一时间掌握所处的具体位置，如楼栋号、门牌号等，如果没有这些，可查看附近的标志性建筑，暗中记下饭店、商场等名字。如果能发短信或打电话，可自己偷偷报警，或告知自己的亲人或朋友，让他们帮忙报警。

2.极力寻找逃离的机会

大学生被传销组织控制的时候，不应该被动地束手就擒，应积极想各种办法，寻找逃离的机会,如利用传销组织每天都有一些户外活动的规律寻求别人的帮助;如果传销组织控制比较严,外出的机会很少,应尽可能寻找和创造外出的机会,如装病;如果实在找不到逃跑的机会,可以在上厕所时偷偷写好求救纸条,为引起注意,可写在钞票上,然后趁人不备,从窗户扔下;如果实在走不掉,在"敌强我弱"的情况下,就要想办法伪装,骗取他们的信任,让他们放松警惕,然后再寻找机会逃离。

能力训练

面试答题思路训练

面试过程中,面试官会向应聘者发问,而应聘者的回答将成为面试官考虑是否接受他的重要依据。对应聘者而言,了解这些问题背后的用意至关重要。这里对面试中经常出现的一些典型问题进行了整理,并给出相应的回答思路和参考答案。读者无须过分关注分析的细节,关键是要从这些分析中"悟"出面试的规律及回答问题的思维方式,达到"活学活用"。

问题一:"请你自我介绍一下。"

思路:

1.这是面试的必考题目。

2.介绍内容要与个人简历相一致。

3.表述方式上尽量口语化。

4.要切中要害,不谈无关、无用的内容。

5.条理要清晰,层次要分明。

6.事先最好以文字的形式写好背熟。

问题二:"谈谈你的家庭情况。"

思路:

1.家庭情况对于了解应聘者的性格、观念、心态等有一定的作用,这是招聘单位问该问题的主要原因。

2.简单地罗列家庭人口。

3.宜强调温馨和睦的家庭氛围。

4.宜强调父母对自己教育的重视。

5.宜强调各位家庭成员的良好状况。

6.宜强调家庭成员对自己工作的支持。

7.宜强调自己对家庭的责任感。

问题三:"你有什么业余爱好?"

思路:

1.业余爱好能在一定程度上反映应聘者的性格、观念、心态,这是招聘单位问该问题的主要原因。

2.最好不要说自己没有业余爱好。

3.最好不要说自己有哪些庸俗的、令人感觉不好的爱好。

4.最好不要说自己仅限于读书、听音乐、上网,否则可能令面试官怀疑应聘者性格孤僻。

5.最好能有一些户外的业余爱好来"点缀"你的形象。

问题四:"你最崇拜谁?"

思路:

最崇拜的人能在一定程度上反映应聘者的性格、观念、心态,这是面试官问该问题的主要原因。

1.不宜说自己谁都不崇拜。

2.不宜说崇拜自己。

3.不宜说崇拜一个虚幻的或是不知名的人。

4.不宜说崇拜一个明显具有负面形象的人。

5.所崇拜的人最好与自己所应聘的工作能"搭"上关系。

6.最好说出自己所崇拜的人的哪些品质、哪些思想感染着自己、鼓舞着自己。

问题五:"你的座右铭是什么?"

思路:

1.座右铭能在一定程度上反映应聘者的性格、观念、心态,这是面试官问这个问题的主要原因。

2.不宜说那些易引起不好联想的座右铭。

3.不宜说那些太抽象的座右铭。

4.不宜说太长的座右铭。

5.座右铭最好能反映出自己的某种优秀品质。

参考答案:"只为成功找方法,不为失败找借口"。

问题六:"谈谈你的缺点。"

思路:

1.不宜说自己没缺点。

2.不宜把那些明显的优点说成缺点。

3.不宜说出严重影响所应聘工作的缺点。

4.不宜说出令人不放心、不舒服的缺点。

5.可以说出一些对于所应聘工作"无关紧要"的缺点,甚至是一些表面上看是缺点,从工作的角度看却是优点的缺点。

问题七:"谈一谈你的一次失败经历。"

思路：

1.不宜说自己没有失败的经历。

2.不宜把那些明显的成功说成是失败。

3.不宜说出严重影响所应聘工作的失败经历。

4.所谈经历的结果应是失败的。

5.宜说明失败之前自己曾信心百倍、尽心尽力。

6.说明仅仅是由于外在客观原因导致失败。

7.失败后自己很快振作起来，以更加饱满的热情面对以后的工作。

问题八："你为什么选择我们公司？"

思路：

1.面试官试图从中了解你求职的动机、愿望及对此项工作的态度。

2.建议从行业、企业和岗位这三个角度来回答。

参考答案："我十分看好贵公司所在的行业，我认为贵公司十分重视人才，而且这项工作很适合我，相信自己一定能做好。"

问题九："对这项工作，你有哪些可预见的困难？"

思路：

1.不宜直接说出具体的困难，否则可能令对方怀疑应聘者不行。

2.可以尝试迂回战术，说出应聘者对困难所持有的态度"工作中出现一些困难是正常的，也是难免的，但是只要有坚忍不拔的毅力、良好的合作精神以及事前周密而充分的准备，任何困难都是可以克服的。"

问题十："如果我录用你，你将怎样开展工作？"

思路：

1.如果应聘者对于应聘的职位缺乏足够的了解，最好不要直接说出自己开展工作的具体办法。

2.可以尝试采用迂回战术来回答，如"首先听取领导的指示和要求，然后就有关情况进行了解和熟悉，接下来制订一份近期的工作计划并报领导批准，最后根据计划开展工作。"

问题十一："与上级意见不一致，你将怎么办？"

思路：

1.一般可以这样回答"我会给上级以必要的解释和提醒，在这种情况下，我会服从上级的意见。"

2.如果面试你的是总经理，而你所应聘的职位另有一位经理，且这位经理当时不在场，可以这样回答："对于非原则性问题，我会服从上级的意见，对于涉及公司利益的重大问题，我希望能向更高层领导反映。"

问题十二:"我们为什么要录用你?"

思路:

1.应聘者最好站在招聘单位的角度来回答。

2.招聘单位一般会录用这样的应聘者:基本符合条件、对这份工作感兴趣、有足够的信心。

3.如"我符合贵公司的招聘条件,凭我目前掌握的技能、高度的责任感和良好的适应能力及学习能力,完全能胜任这份工作。我十分希望能为贵公司服务,如果贵公司给我这个机会,我一定能成为贵公司的栋梁"

问题十三:"你能为我们做什么?"

思路:

1.基本原则上"投其所好"。

2.回答这个问题前应聘者最好能"先发制人",了解招聘单位期待这个职位所能发挥的作用。

3.应聘者可以根据自己的了解,结合自己在专业领域的优势来回答这个问题。

问题十四:"你是应届毕业生,缺乏经验,如何能胜任这项工作?"

思路:

1.如果招聘单位对应届毕业生的应聘者提出这个问题,说明招聘单位并不真正在乎"经验",关键是看应聘者怎样回答。

2.对这个问题的回答最好要体现出应聘者的诚恳、机智、果敢及敬业精神。

参考答案:"作为应届毕业生,在工作经验方面的确会有所欠缺,因此在读书期间我一直利用各种机会在这个行业里做兼职。我也发现,实际工作远比书本知识丰富、复杂,但我有较强的责任心、适应能力和学习能力,而且比较勤奋,所以在兼职中均能圆满地完成各项工作,从中获取的经验也令我受益匪浅。请贵公司放心,学校所学及兼职的工作经验使我一定能胜任这个职位。"

问题十五:"你希望与什么样的上级共事?"

思路:

1.通过应聘者对上级的"希望"可以判断出应聘者对自我要求的意识,这既是一个陷阱,又是一次机会。

2.最好回避对上级具体的希望,多谈对自己的要求。

参考答案:"作为刚步入社会的新人,我应该多要求自己尽快熟悉环境、适应环境,而不应该对环境提出什么要求,只要能发挥我的专长就可以了。"

同一个面试问题并非只有一个答案,而同一个答案并不是在任何面试场合都有效,关键在于应聘者掌握了规律后,对面试的具体情况进行把握,有意识地揣摩面试官提出问题的心理背景,然后投其所好。

第七章 了解就业程序 维护就业权益

第一节 就业协议书

就业协议书是由毕业生、用人单位、学校三方签订的明确三方在就业择业过程中的权利义务关系的书面协议。它是用人单位确认毕业生相关信息真实可靠并接收毕业生的重要凭据,也是高校进行毕业生就业管理、编制就业方案以及毕业生办理就业落户手续等有关事项的重要依据。就业协议书一般由国家教育部或各省、市、自治区就业主管部门统一制表。

一、就业协议书的主要内容

就业协议书主要包括以下基本内容:

1.高校毕业生的基本情况

包括:姓名、性别、身份证号、专业、学制、毕业时间、学历、联系方式等。

2.用人单位的基本情况,包括:单位名称、组织机构代码、单位性质、联系人及联系方式、档案接收地等。

3.高校毕业生和用人单位约定的有关内容,可包括:工作地点及工作岗位,户口迁入地,违约责任,协议自动失效条款、协议终止条款,双方约定的其他事宜。

4.各方应严格履行协议,任何一方若违反协议,应承担违约责任。

5.其他补充协议。

随着毕业生就业制度改革的不断深化,毕业生就业协议书的内容也在进一步规范化和法制化。目前,一些用人单位或学校在就业协议书上已经附加了有关劳动合同的内容,主要包括:服务期限、工作岗位和工作内容、劳动保护和工作条件、工资报酬和福利待遇、劳动纪律、协议终止的条件、违反协议的责任等，以此来保证毕业生的权益，进一步明确用人单位和毕业生的权利与义务。

二、签订就业协议书的原则

就业对绝大多数的应届毕业生来说，是人生道路上的第一次职业抉择，为了更好地维护自己的合法权益，在与用人单位签订就业协议书时，一定要按照原则办事。当事人在签订就业协议书时必须遵循以下几项原则：

（一）平等协商原则

签订就业协议书的三方具有平等的法律地位，任何一方都不能将自己的意志强加给另一方。学校不能采用行政手段要求毕业生到自己指定的单位就业（不包括有特殊情况的毕业生），用人单位不能在签订就业协议书时要求毕业生交纳风险金、保证金等。毕业生、用人单位、学校三方的权利与义务一致。除了协议书规定的内容以外，三方如果有其他需要约定的事项，可以在协议的"备注"一栏内加以补充说明。

（二）主体合法的原则

签订就业协议书的当事人必须具备合法的主体资格。对毕业生来说，是指必须取得毕业资格，如果学生在派遣的时候还没有取得毕业资格，用人单位可以不予接收而且不需要承担任何法律责任；对用人单位来说，是指必须具备从事各项经营或管理活动的能力，应该有录用毕业生计划和录用自主权，否则毕业生有权解除协议，并且无须承担违约责任；对高校来说，是指根据用人单位的要求如实地介绍毕业生的在校表现，并如实地将自己所掌握的用人单位的信息发布给毕业生。

三、签订就业协议书的程序

就业协议书的签订是毕业生和用人单位在"供需见面""双向选择"后达成一致意见的结果。就业协议书的签订一般要经过以下几个程序：

1. 毕业生本人在协议书上以文字的形式签署自己同意到选定的单位工作的意见，同时签署本人的姓名。

2. 用人单位在协议书上签署同意接收该毕业生的文字意见，并签名盖章，同时在协议书上注明可以接收毕业生档案的名称和地址。如果用人单位没有人事决定权，则需要报上级主管部门批准盖章。

3. 用人单位或毕业生将协议书送到学校毕业生就业工作部门。

4. 毕业生所在的院（系）和学校毕业生就业部门对就业协议书签署意见并签

字盖章，然后再及时将协议书反馈给双方的当事人。

四、签订就业协议书时应注意的问题

就业协议书明确了当事人在就业过程中的权利和义务，并且涉及毕业生的切身利益，因此具有法律约束力。毕业生在签订就业协议书时应该特别注意以下几个问题：

（一）确认用人单位的主体资格

签订就业协议书的当事人是否具有合法的主体资格是协议书是否具有法律效力的前提。用人单位不管是机关、事业单位还是企业，都必须要具有录用毕业生的自主权。如果其本身不具备录用的自主权，就必须经过具有录用权力的上级主管部门批准同意。因此，毕业生签约前，一定要先审查用人单位的主体资格。

（二）注意与劳动合同的衔接

现行的毕业生就业协议书属于"格式合同"，但"备注"部分允许三方根据实际情况约定相应的权利和义务。因此，毕业生可以充分利用"备注"的合法空间及相关规定来进行自我保护。

由于就业协议书签订在先，因此为了避免到就业单位签订劳动合同的时候发生争议，毕业生应该提前与用人单位协商服务期限、试用期、工作岗位和工作内容、劳动保护和工作条件、工作报酬、福利待遇等。在就业协议书的备注中写明，并约定就业时签署的劳动合同应同时包括这些内容，以此来保证毕业生就业前签订的就业协议书与就业时签订的劳动合同相衔接。

（三）事先约定解除就业协议书的条件

毕业生就业协议书一旦订立以后，就对当事人具有了约束力，一方不得随意解除，否则应该承担违约责任。如果毕业生因为升学、出国等情况而不能够履行协议，可以与用人单位在就业协议书中就解约的条件做出约定。约定条件一旦成立，毕业生就可以依照约定解除协议，而且无须承担违约责任，避免产生经济损失或者其他的争议。

（四）明确违约责任

违约责任是指协议当事人因过错而不履行或不完全履行协议规定的义务时所应该承担的法律责任。它是保证协议履行的有效手段。在协议内容中，应该详细表述当事人双方的违约情形及违约后应当承担的责任，与此同时还应该写明当事人违约后通过哪种方式、途径来承担。只有这样，才能更有利于当事人双方履行协议，也有利于以后违约时解决纠纷。

（五）认真审查协议书的内容

首先，毕业生要审查协议书的内容是否合法，是否符合国家相关法律和政策的规定；其次要审查双方的权利和义务是否合理；第三是要审查清楚除主协议外是否还有附件（需要补充的协议），并且要审查附件内容。

如果需要对协议书上必要的条款进行变更或者增减，毕业生可以同用人单位进行协商，就原协议书中未能体现的具体权利和义务通过补充协议的形式表达出来，并在协议书的"备注"栏中加以说明，但所涉及的内容一定要具体、明确，不能产生歧义。在此必须指出的是，补充协议和主协议书具有同等的法律效力。

（六）按规定程序签订就业协议书

就业协议书的签约形式要合法，要注意完整地履行手续。首先，毕业生要签名并写清楚签字的时间；其次，用人单位及其上级主管部门必须加盖单位公章并注明时间，个人签字无效；最后，把就业协议书交给学校毕业生就业工作部门签字盖章，列入毕业生就业档案。

按照规定的程序签约，有利于保护毕业生和用人单位的合法权益，避免因为一方在另一方不知情的情况下增加有损对方利益的其他条款和内容。

五、就业协议书的解除

就业协议书的解除分为单方解除和三方解除两种。

（一）单方解除

单方解除包括单方擅自解除和单方依法或者依协议解除。其中，前者属于违约行为，解约方应该对另两方承担违约责任；后者是指一方解除就业协议书有法律上或协议上的依据，不属于违约行为。

（二）三方解除

三方解除是指毕业生、用人单位、学校三方经过协商一致同意废除已签订的协议，使协议失去法律效力。此类解除三方当事人一致表示同意，任何一方均不承担法律责任。三方解除应该在就业计划上报主管部门之前进行。如果就业派遣计划已经下达，还应该经过主管部门的批准办理调整改派手续。

六、违约责任及违约的后果

就业协议书一旦经过毕业生、用人单位、学校签署即具有法律效力，任何一方都不能够擅自解除，否则违约方应该向权利受损方支付协议条款中所规定的违约金。

(一) 毕业生违约

毕业生违约除了本人应该承担违约责任，支付违约金外，往往还会造成其他很多不良的后果。

第一，对用人单位来说，其往往为了录用一名毕业生做了大量的工作，有的甚至对毕业生将要从事的具体工作也已经做了安排。此外，毕业生就业的时间相对比较集中，一旦毕业生因为某种原因违约，用人单位就需要再另选其他毕业生，而这在时间上不允许，因此会使用人单位处于被动的状态。

第二，对学校来说，用人单位往往因为学生的违约而对学校的推荐工作产生怀疑，从而影响到学校和用人单位之间的长期合作关系。一旦某所学校的毕业生出现违约情况，该用人单位可能在未来的几年之内都不会再接收该校的学生，这样势必会影响学校今后的毕业生就业工作，同时也将影响学校就业计划方案的制定和上报，并且还会影响学校的正常派遣工作。

第三，对其他毕业生来说，用人单位来学校挑选毕业生，一旦与某学生签订就业协议书，就不可能再录用其他的毕业生。如果毕业生违约，往往使当初希望去该单位的毕业生也错过了到该单位的机会，因此造成了就业资源的浪费，影响了其他毕业生的就业。

(二) 用人单位违约

用人单位违约除了应该按照协议规定承担违约责任，支付违约金之外，还会给毕业生和学校带来不良的影响。一般用人单位违约之后，毕业生已经错过了选择其他理想单位的机会，许多毕业生因此而出现饥不择食的情况，对其今后的发展带来很大的不良影响，此外，用人单位违约对学校的就业计划方案的制定和上报也造成一定的影响。

(三) 学校违约

学校在就业协议的履行中主要行使的是监督审核权，可以对不规范的协议行为进行制止。但由于学校并不是双向选择中的意向方，因此出现由学校直接违约的可能性非常小。

目前，许多高校在就业协议书中的签字只起到鉴证登记的作用，而不再具有审批的意义。我们相信，随着毕业生就业制度改革的不断深化，国家和高校的审批权力将逐渐弱化。在签订就业协议书的时候，毕业生和用人单位将完全拥有自主选择的权利，学校和政府主管部门不再需要直接审批就业协议书，而只需掌握就业的情况即可。

如果与用人单位签订了就业协议书后又觉得自己不适合这份工作，必须与原单位解除就业协议，并及时持证明回学校办理相关手续。找到新单位后，可到其所在地的人才交流中心办理改派手续，把自己的档案、户口等人事关系改派到新的用人单位。否则，你的档案、户口就会滞留在原单位，这会给以后的工作和生活带来很多不便。轻易不要行使解除权，更要避免承担违约责任的单方擅自解除。但这也不是绝对的，应本着"两利相权取其重，两害相权取其轻"的原则，正确行使就业协议解除权。

第二节 劳动合同

根据《劳动法》规定，劳动合同是指劳动者与用人单位确立劳动关系、明确双方权利和义务的协议。签订劳动合同是为了能够在法律上确立劳动者与用人单位之间的劳动关系，将双方的有关权利、义务通过书面合同的形式确立下来，并使之特定化、具体化，从而更好地维护劳动者和用人单位的合法权益。

一、劳动合同的基本内容

劳动合同的内容是指在合同中需要明确规定的当事人双方的权利义务及合同必须明确的其他问题。劳动合同的内容是劳动关系的实质，也是劳动合同成立和发生法律效力的核心。如果一份劳动合同没有实质性的权利义务条款，或者权利义务条款模棱两可，这份劳动合同就没有意义。

劳动合同的内容分为法定条款和协定条款两部分，前者是指由法律、法规直接规定的劳动合同必须具备的内容；后者是指不需由法律、法规直接规定，而是由双方当事人自愿协商确定的合同内容。

（一）法定条款

根据《劳动法》规定，劳动合同的法定条款包括以下七项：

1. 劳动合同期限

劳动合同期限是指劳动合同的有效时间，是双方当事人所签订的劳动合同的起始和终止时间，也是劳动关系具有法律效力的时间。它是签订劳动合同所必须明确的内容，分为有固定期限、无固定期限和以完成一定的工作为期限三种。合同期采取哪一种类型主要由双方当事人商定。如果是有固定期限的劳动合同，则应约定期限是一年或几年。应届毕业生所遇到的劳动合同绝大多数是有固定期限的劳动合同，所以大家一定要注意劳动合同中对期限的约定，以及关于期限的违约责任的约定。

2. 工作内容

工作内容是针对劳动者而言的，是对劳动者设立的义务条款。它包括劳动者从事劳动的工种、岗位，以及在生产或工作上应当达到的数量和质量或应当完成的任务。

3. 劳动保护和劳动条件

劳动保护和劳动条件是针对用人单位而言的，是对用人单位设定的义务条款。劳动保护和劳动条件是指劳动安全和劳动卫生方面的设施、设备和防护措施等应当符合国家有关规定、具体明确。如工作时间和休息休假，以及对女职工和未成年工的特殊劳动保护等。

4. 劳动报酬

劳动报酬是劳动者劳动的成果返还和履行劳动义务后必须享受的劳动权利，包括工资、奖金、津贴等。支付劳动报酬是用人单位的义务。劳动合同中规定的劳动报酬必须符合国家法律、法规和政策的规定。比如，工资不得低于国家规定的最低工资标准，工资支付形式和支付期限不得违反法律、法规。

5. 劳动纪律

劳动纪律是指劳动者在用人单位必须遵守的工作秩序和劳动规则。劳动纪律是用人单位组织生产经营活动、完成工作任务的保证条件，是规范劳动行为的一项重要内容，是劳动者必须履行的一项义务。劳动纪律包括上下班纪律，工作时间纪律，安全技术、生产卫生规程、设备保养纪律，保密纪律，防火、防其他事故的日常纪律等。

6. 劳动合同终止的条件

劳动合同中约定的合同终止的条件是指除法律、法规规定的条件外，当事人自己协商确定的在什么情况下可以终止合同效力的内容。《劳动法》第23条规定："劳动合同期满或者双方约定的劳动合同终止条件出现，劳动合同即行终止。"这里所说的就是双方约定的合同终止的条件。合同终止的条件还应包括合同终止时，双方应履行的义务或承担的责任。

7. 违反劳动合同的责任

违反劳动合同的责任是指当事人一方或双方由于自己的过错造成劳动合同不能履行或不能完全履行，按照法律、法规和劳动合同的规定而承担的行政、经济责任或司法制裁。劳动合同规定这一内容的目的是为了促使当事人双方切实履行劳动合同，加强责任心，维护当事人的合法权益。违反劳动合同的责任可以根据劳动合同法律、规定来确定，法律、法规没有规定的，当事人双方可以协商确定，但承担违约责任的原则必须公正。

（二）协定条款

协定条款是双方当事人自愿协商在劳动合同中规定的权利义务的条款。协定条款可以分为必要条件和补充条件两种情况。无论是必备条件还是补充条件，都必须符合国家法律、法规和政策的规定。

必要条件是指法律、法规虽没有作出规定，但劳动合同中必须具备的条件，缺少这些条件劳动合同就不能成立，或者难以履行。比如劳动者的工作特点、工作性质、用人单位为劳动者提供的工作条件等。

补充条件是指劳动合同成立非必须具备的条件，有没有都不影响劳动合同的成立。但当事人一方面提出，双方一致同意作为劳动合同条款的，合同内容中要加以确定。补充条件一般包括：单位是否为职工提供居住条件、居住的期限；劳动者是否享受单位托儿所、幼儿园和其他生活福利设施；发生劳动争议时的解决途径等。

二、签订劳动合同的原则

（一）平等自愿、协商一致的原则

平等自愿原则是劳动合同订立的核心原则。劳动合同当事人双方在签订劳动合同时是平等的民事主体，具有平等的法律地位，应以平等的身份签订合同。具体表现在：第一，劳动者和用人单位均以劳动力市场主体资格出现，互不隶属；第二，劳动者和用人单位依照法律规定享受平等权利；第三，劳动合同内容根据法律规定由双方共同协商，任何一方都不能把自己的意志强加给另一方或采用欺诈手段订立劳动合同。

协商一致原则即双方在订立合同时，劳动者与用人单位在平等自愿的基础上，充分表达自己的意愿，经协商就合同的内容、条款等达成一致意见之后，劳动合同才能成立。

（二）合法的原则

合法原则是当事人双方订立劳动合同时必须遵守的最基本、最重要的原则。具体体现为：

1.订立劳动合同的主体必须合法。劳动者必须具有劳动行为能力和劳动权利能力，即必须是达到法定劳动年龄并具有劳动能力的劳动者；用人单位必须具有法人资格，私营，企业必须符合法定条件。

2.劳动合同的内容必须合法。双方签订的劳动合同内容（权利与义务）必须符合法律、法规和劳动政策，不得从事非法工作。劳动合同内容必须真实体现当事人的意愿，同时要语言表达明白，避免歧义。

3.签订劳动合同的程序、形式必须合法。劳动合同必须依照劳动法律、法规规定的程序签订，必须采用书面形式，且必须具备合同的法定条款。

违反上述原则订立的劳动合同视为无效的劳动合同，无效劳动合同从订立之日起就没有法律约束力。确认劳动合同部分无效的，如果不影响其余部分的效力，其余部分仍然有效。如有的劳动合同规定的工作岗位、工资、保险福利、争议处理等条款均符合国家法律法规的规定，仅工作时间条款规定超过了国家法定工作时间，这种劳动合同属于部分无效劳动合同。可按《劳动法》规定，对工作时间条款进行修改，其他条款仍可继续执行。劳动合同的无效由劳动争议仲裁委员会或人民法院认定。其中，经仲裁未引起诉讼的，由劳动争议仲裁委员会认定；经仲裁引起诉讼的，由人民法院认定。

三、签订劳动合同时应注意的问题

签订劳动合同有许多学问，最主要的是要注意以下几个方面，以便切实地维护自己在劳动过程中的合法权益。

（一）要签订书面合同

无论是什么原因，不签订劳动合同就是对劳动者不负责任的行为。劳动者有权要求用人单位与之签订书面合同，并且要将合同自己保留一份。只有这样，才能够在发生劳动纠纷、争议的时候，找到事实依据。

（二）在试用前签订劳动合同

劳动合同约定的试用期是包括在劳动合同的期限之内的，并且最长不能超过6个月。那种先试用后签订劳动合同或者单独约定试用期的劳动合同都是违反《劳动法》的规定的。

（三）抵制各种不正当收费

在签订劳动合同的同时交纳抵押金、风险金等做法都是不合法的行为，并且任何形式的收费都是不合法的。已经交纳过的，可随时要求用人单位返还。

（四）完整理解格式合同的内容

为了提高签约效率和节省签约劳动量，实践中较为常见的是用人单位事先拟订好劳动合同，由劳动者做出是否签约的决定，劳动合同的内容不允许修改，这就是常说的签订格式合同。劳动者在签订格式合同时要注意完全理解格式合同的条款内容，并对其中的不合理部分提出异议。

（五）英文合同要慎签

《劳动法》规定，劳动合同应以书面形式订立。发生劳动争议时既便于当事人举证，又便于有关部门处理。但是《劳动法》和《外商投资企业劳动管理规定》中对外资企业与中方雇员签订的书面合同应该采用何种文字都没有明文规定。但是，我国宪法赋予公民使用本民族语言文字的自由。基于以上理由，要求签订中文文本合同完全是正当合理的要求，公司不但不应驳回，更不能以此为由辞退员工。

在签订劳动合同时还应当注意：工作内容可以规定劳动者从事某一项或者几项具体的工作，也可以是某一类或者几类工作，但都要求明确而具体。用人单位不得将劳动合同的法定解除条件列为经济补偿义务。如果劳动者家庭驻地离工作单位特别远，在合同中还应有食宿的解决方案。同时，用人单位必须依法为劳动者购买社会保险，这并不是合同所能约定和双方所能协商解决的，但双方可以就医疗、养老和人生意外伤害等补充商业保险进行协商约定。

知识链接

一些常见的合同陷阱条款

1.在本合同期内，若乙方因本人原因提前解除劳动合同的，乙方应向甲方支付违约金10万元。

2.在本合同期内，乙方不许结婚，也不许怀孕。

3.在合同中约定，劳动者入职时要向用人单位交纳押金、保证金等。

4.合同约定，在工作期间企业只负担工资，不负责缴纳任何社会保险；发生工伤一律自负，企业概不负责。

5.合同中既不写明工作岗位，也不写明工资标准或数额。

6.合同中约定，合同内容不明或出现歧义时，企业有解释权。

四、劳动合同的解除

劳动合同的解除是指劳动合同当事人在劳动合同期限届满之前终止劳动合同关系的法律行为，可分为协商解除和法定解除。依法解除劳动合同对于维护劳动者的自由择业权和用人单位的用人自主权，促进劳动者之间、用人单位之间在平等条件下的自由竞争具有积极意义。

（一）协商解除

协商解除是指劳动合同订立后，双方当事人因某种原因，在完全自愿的基础上解除劳动合同，提前终止劳动合同的效力。协商解除劳动合同也可以分为两种情况：用人单位提出解除和劳动者提出解除。协商解除劳动合同应当是自愿的，不论是哪一方先提出，都应该体现双方的真实意思，要坚持自愿、平等、协商一致。这是签订劳动合同的基本原则，也是协商解除劳动合同的基本原则。

1.用人单位单方解除劳动合同的法律规定

第一，用人单位在劳动者有下列情形之一时，有权解除劳动合同：

（1）在试用期间被证明不符合录用条件的；

（2）严重违反劳动纪律或者用人单位规章制度的；

（3）严重失职，营私舞弊，对用人单位利益造成重大损害的；

（4）被依法追究刑事责任的。

第二，用人单位在劳动者有下列情形之一时，有权解除劳动合同，但应当提前30日以书面形式通知劳动者本人：

（1）劳动者患病或者非因工负伤，医疗期满后，不能从事原工作也不能从事由用人单位另行安排的工作的；

（2）劳动者不能胜任工作，经过培训或者调整工作岗位，仍不能胜任工作的；

（3）劳动合同订立时所依据的客观情况发生重大变化，致使原劳动合同无法履行，经当事人协商不能就变更劳动合同达成协议的。

第三，用人单位因法定情况，需裁减人员而引起劳动合同的解除：

（1）濒临破产进行法定整顿期间；

（2）生产经营状况发生严重困难。

在以上第二、三类情形下解除劳动合同的，用人单位应该依照国家有关规定对劳动者给予经济补偿。

《劳动法》还规定了用人单位不得解除劳动合同的情况。劳动者有下列情形之一的，用人单位不得解除劳动合同：

（1）患职业病或者因工负伤被确认丧失或者部分丧失劳动能力的；

（2）患病或者负伤，在规定的医疗期内的；

（3）女职工在孕期、产期、哺乳期内的；

（4）法律、行政法规规定的其他情形。

2.劳动者单方解除劳动合同的法律规定

《劳动法》规定，劳动者解除劳动合同，应当提前30日以书面形式通知用人单位。但有下列情形之一的，劳动者可以随时通知用人单位解除劳动合同：

（1）在试用期内；

（2）用人单位以暴力、威胁或者非法限制人身自由的手段强迫劳动的；

（3）用人单位未按照劳动合同约定支付劳动报酬或者提供劳动条件的。

（二）法定解除

法定解除是指出现国家法律、法规或合同规定的可以解除劳动合同的情况时，不需要双方当事人一致同意，合同效力可以自然或单方提前终止。

第三节 离校、报到与人事代理

大学生在校学习期满，各科成绩合格达到毕业要求后，就要着手办理离校手续，并准备到用人单位报到了。大学生应当在即将结束的大学生活的最后阶段，积极主动地配合学校做好各项工作，做到文明离校，顺利就业。

一、就业管理部门的工作流程

大学毕业生的就业管理机构，大致由三部分组成：教育部主管全国大学毕业生就业；各省、自治区、直辖市和中央各部委的有关部门分管本地区、本部门的大学毕业生就业工作；各高等学校和各用人单位负责本校毕业生就业的具体事宜和接收安置毕业生事宜。

（一）政府就业管理部门的工作流程

政府就业管理部门的工作流程大致分为以下五步。

1.人力资源和社会保障部会同教育部等部门对年度国民经济发展和国家重点建设工程情况开展调查研究，制订相应的政策，从而确定年度的就业工作意见。各省、自治区、直辖市、中央各部委按照文件精神制订出本地区、本部门所属高校毕业生就业工作的具体意见。这项工作，一般在毕业前的半年内进行完毕。

2.教育部在每年的10月份左右向各地区、部门提供下一年度的毕业生资源情况，包括毕业生所在学校、所学专业以及毕业生的来源地区等。教育部还负责向社会及时通报毕业生资源情况和需求情况，并适时组织毕业生供需信息交流工作。

3.各地区、各部门和各高校的就业管理机构在每年的11月至下一年的5月，采取多种形式召开由学校和用人单位参加的"供需见面、双向选择"洽谈会和并利用网络等方式为毕业生求职择业创造条件，提供服务。

4.各高等学校在完成全部教学计划以后，按照国家统一要求，一般从7月1日开始，根据就业方案为毕业生发放《全国普通高等学校本专科毕业生就业报到证》或《全国毕业研究生就业报到证》，并办理离校手续。

5.毕业生报到工作结束后，各级就业管理机构对当年毕业生就业情况认真地进行总结。教育部门将全国毕业生就业数据转交给人力资源和社会保障部门，由人力资源和社会保障部门继续对离校暂时未就业毕业生提供培训等服务。

（二）各高等学校就业管理部门的工作流程

学校就业管理部门的工作流程大致如下。

1.生源统计。每新学年开学初（8~9月），由学校就业中心从学信网下载第二年预计毕业学生的基础信息,由各院系按实际情况进行核对,并补充学生的联系方式等信息,以确保预计毕业学生各项信息准确无误。

2.制订专业介绍。每新学年开学初(8~9月),由各高校印制就业宣传册,全面介绍毕业生所学专业、培养目标、专业内容、课程设置、毕业生适应的工作领域、专业前景等情况。

3.毕业生资格审查。毕业生资格审查的目的是确认和核实每一位毕业生的入学资格,通过审查合格后才能取得毕业资格。毕业生资格审查的主要内容是毕业生姓名、专业、学制、培养方式、生源地等,所审查的内容以学信网和省级招生部门的招生底册上内容为准。如有不一致之处,须出具相关手续。如改名手续,需出具市区级公安部门的改名手续;生源地变迁,需出具户籍变动手续(由现住址所在地的派出所出具户口迁移证明信),降级、休学、转系、转专业等,须出具学籍变动手续(由学生处、教务处共同签字盖章的手续)。

4.发放就业协议书。就业协议书是明确毕业生、用人单位和学校在毕业生就业工作中的管理和义务的书面表现形式。一般由国家教育部或各省、市、自治区就业主管部门统一印制,一式四份,将由学校就业办统一编号后发放,协议书必须填写清晰,单位名称必须与单位公章一致,不要简写、误写或写别名,复印、自制协议书无效,姓名栏涂改无效,就业协议在毕业生签字、用人单位盖章后经学院就业办盖章后即可生效,并此纳入就业方案。就业协议书是最后派遣的唯一依据,所以要仔细阅读上面的条款及说明,并核对自己的名字、专业是否有误,同时更要妥善保管。

5.走访。向用人单位介绍毕业生情况,了解各地区就业政策,收集需求信息。

6.向用人单位发邀请函,收集需求信息,邀请用人单位参加学校毕业生就业供需见面会。

7.组织校园招聘会、举办毕业生的供需见面会。

8.针对下一年级学生上就业讲座,进行全方位的就业指导。

9.收集已签好的就业协议书。协议书一式四份,用人单位填好盖章后再由学校就业办盖章并生效,四份协议书:学校一份(作为就业方案依据)、单位一份、省教育厅一份(派遣依据)和学生本人一份。

10.学校形成就业方案后上报教育厅。

11.派遣、离校。①发放《就业报到证》。《就业报到证》全称是《全国普通高等学校本专科毕业生就业报到证》和《全国毕业研究生就业报到证》,以下简称《就业报到证》,一式两联,分别是《就业报到证》和《就业通知书》(一般装入学生档案中)。《就业报到证》是由教育部统一印制、省级高校毕业生就业主管部门签发,列入国家就业方案的毕业生才能有的有效证件,报到证是就业管理部门派遣毕业生的惟一依据。根据用人单位返回的协议书，校就业办统一打印《就业报到证》。经省毕办审核批准验印后由校就业办发放到各学院，再发给毕业生本人。主要作用有：接收单位报到的凭证；证明持证的毕业生是纳入国家统一招生计划的学生；凭报到证及其他有关材料办理户口和人事档案等手续；人才服务机构存档的证明。②户籍关系、档案的转寄。户籍关系由学校户籍管理部门根据就业方案统一办理转迁证明，并发放给毕业生本人。学生离校后持《就业报到证》、户籍关系到单位报到后，持《户口迁移证》《就业报到证》及工作单位证明到辖区公安部门办理户籍迁移手续。档案在毕业生离校后由学校统一寄（送）到用人单位或当地人力资源和社会保障局。

12.办理改派手续。学生在毕业后一年内可办理改派手续。其程序为：原单位出具退函、新单位出具接收函、原来的《就业报到证》及《就业通知书》到学校就业中心办理改派手续，最后到省教育厅学生工作管理办公室打印新的《就业报到证》，逾期不再办理。

二、离校

毕业生在完成学业离开学校前要进行毕业鉴定，填写普通高等学校毕业生登记表，并办理离校手续。

（一）毕业鉴定

毕业鉴定是指毕业生临近毕业时，通过回顾自己大学期间的德、智、体等方面的综合表现，为自己所做的准确、客观的评价和总结，以便在今后的学习、工作中取得更大进步。因此，毕业生应高度重视此项工作，要认真、实事求是地做好自我鉴定。

1.毕业鉴定的内容

毕业鉴定的主要内容包括：

（1）思想道德素质方面。对党的领导和党的路线、方针、政策等方面的认识和理解，参加学校组织的各项思想政治教育活动的情况；遵守国家各项法规和制度及校纪校规的情况；参加集体活动，团结同学的情况；参与社会实践活动的情况等。

（2）学习方面。学习态度和学习自觉性方面的表现；学习成绩和专业知识的掌握程度；科研活动成果及创新能力方面的表现。

（3）身心素质方面。参加各项体育活动的情况；体育达标情况及体育特长；身体健康状况；心理健康状况等。

（4）综合能力方面。自己的专长和特点；交际与沟通能力；对社会的认知和适应能力等。

（5）存在的主要缺点、问题及今后的努力方向。

2.毕业鉴定的注意事项

毕业生进行毕业鉴定时应当注意以下事项：第一，要认真听取老师和同学们的意见；第二，要实事求是，不能有虚假内容，更不能满纸空话、套话，要使人看了鉴定如见其人，以便用人单位对你有所了解；第三，态度要端正，字迹要工整；第四，奖励和处分都要写清楚，尤其是对处分切不可隐瞒。

（二）普通高等学校毕业生登记表的填写

普通高等学校毕业生登记表是由国家教育部制定的学生毕业材料之一，其主要内容包括：毕业生基本情况、学习经历、社会关系、个人总结、班级鉴定、毕业实习单位和主要内容、毕业论文题目或毕业设计、本人工作志愿、学校意见等。这是毕业生在校综合情况的反映和记载，是学校对毕业生在大学期间的综合评价材料。毕业生要按照每个栏目的具体要求认真填写。学校要认真核实其中的各项内容，要以对国家负责、对毕业生负责的态度严肃对待。

（三）毕业生离校手续的办理

毕业生一般要在离校前一周左右办理离校手续，主要包括：

1.到所在院（系）领取离校手续单。

2.到校党团部门办理党团组织关系转递手续。

3.到图书馆办理清缴图书及借书证等手续。如若将学校的图书损坏或丢失，应按照学校的有关规定予以赔偿。

4.到财务部门进行费用核对、清退。

5.到宿舍管理部门办理退宿手续，交还宿舍钥匙。如损坏宿舍内公物，应按照学校的有关规定予以赔偿。

6.到教务部门交还借用的教学仪器和用具。

7.对于享受国家助学贷款的毕业生，到贷款管理部门办理有关手续。

8.领取毕业证、学位证、就业报到证和户口迁移证。

三、报到

根据《普通高等学校毕业生就业工作暂行规定》，毕业生必须使用由省级毕业生就业主管部门统一审核、打印、签发的，由国家教育部统一印制的就业报到证。就业报到证是毕业生就业报到的证明和公安部门办理落户手续的凭证。就业报到证一式两联，上联交由毕业生本人到单位报到之用，下联由学院归入毕业生档案之中。

（一）办理和领取就业报到证的程序

1.就业报到证一般由学校到省级毕业生就业工作主管部门办理，采用集中办理和分期分批相结合的方式进行。毕业前联系到就业单位的，由学校集中到省级毕业生就业主管部门办理。在国家规定的择业期内与就业单位签约的，毕业生将签订的就业协议书按照学校规定的时间交到学校，由学校定期到省级就业主管部门办理。

2.从普通高等院校选调到乡（镇）机关工作的应届优秀毕业生的就业报到证，凭省委组织部省选调生录用通知办理；考取国家、省直机关公务员的毕业生，凭接收单位国家公务员录用手续办理。

3.毕业时未落实就业单位的毕业生，可以在国家规定的择业期内继续择业，档案和户口暂时保存在学校，也可以根据本人意愿，由学校将就业报到证办至生源地继续进行自主择业。择业期满仍未落实就业单位的毕业生，学校将就业报到证办至生源地自主择业。

4.参加"三支一扶"、自愿服务西部的毕业生，如在择业期内落实就业单位，直接到学校就业工作部门办理就业报到证；择业期满仍未落实就业单位的，由学校到省级就业主管部门将就业报到证办至生源地；出国的毕业生，择业期满但仍未能落实就业单位的，应在择业期满前及时与学校联系，以便及时办理相关就业手续。

（二）毕业生报到程序

毕业生在办理完所有离校手续后，即可持就业报到证、毕业证、学位证等有关证件到用人单位报到。对大部分毕业生来说，这一阶段是就业工作的最后阶段，主要包括报到手续的办理、用人单位接收和安排工作岗位、毕业生户口关系的迁转、毕业生学籍档案的转移等。

1.用人单位接收毕业生报到的有关规定

根据《普通高等学校毕业生就业工作暂行规定》，国家对毕业生到用人单位报到的规定如下：毕业生持就业报到证到用人单位报到，用人单位凭就业报到证办理接收手续和户籍关系。毕业生报到后，用人单位应根据工作需要和毕业生所学专业及时安排工作岗位。

2.毕业生到用人单位报到的注意事项

第一，应在离校前检查离校手续是否已办理完毕。注意检查就业报到证、户籍迁移证、党团组织关系转移介绍信、毕业证书、学位证书等是否已领取，同时要认真核查这些材料上的信息是否准确无误，如有错误或疏漏的信息，要及时向学校申请更改或补充，以免给自己报到时带来不便。

第二，在前往用人单位报到的途中一定要妥善保管好自己的所有行李物品，特别是办理报到手续所需的材料，因为一旦丢失，补办这些材料费时费力，还将延误到用人单位报到的时间。

第三，应在规定的报到期限内前往用人单位报到。确有特殊原因不能按时报到的，应主动与用人单位联系，说明原因并征得用人单位同意。

第四，毕业生一经办理报到手续，无论是否在试用期，都应严格遵守用人单位的各项规章制度，服从工作安排。

（三）几种特殊情况的处理

1. 结业生

结业生通常是指在校期间未按学校规定完成指定课程学分，不能获得毕业资格，只能由学校发给结业证的学生。按照《普通高等学校毕业生就业工作暂行规定》，结业生可由学校推荐或个人自荐，在择业期内落实了工作单位的可以办理就业报到手续，但必须在就业报到证上注明"结业生"字样；在择业期内没有落实就业单位的，由学校将其档案、户籍关系转到家庭所在地政府人事部门的人才交流中心，自谋职业。

2. 肄业生

肄业生是指具有正式学籍的学生未完成教学计划规定的课程而中途退学者（被开除学籍者除外）。肄业生由学校发给肄业证，但不办理就业报到证，其户籍关系转至入校前户籍所在地。

3. 离校前体检不合格者

按照《普通高等学校毕业生就业工作暂行规定》，学校应在派遣前认真负责地对毕业生进行健康检查，不能坚持正常工作的，让其回家休养。一年内治愈的（须经学校指定县级以上医院证明能坚持正常工作的）可以随下一届毕业生就业；一年后仍未治愈或无用人单位接收的，户籍关系和档案材料转至家庭所在地，按社会待业人员办理。

4. 提前修完学分的优秀学生

在实行学分制的学校，少数优秀学生在修完规定学分后，提出申请，经学校有关部门审核准予提前毕业的，报省级毕业生就业主管部门批准，可列入当年毕业生就业计划。

5. 升学的毕业生

毕业生在择业期间若参加了升学考试，在择业时应向用人单位说明情况。若未被录取，毕业生到该单位就业；若毕业生接到录取通知，应将录取结果及时告知用人单位并征得用人单位同意。若已办理了就业手续，还应将就业报到证退还给学校毕业生就业工作部门。

四、人事代理

人事代理是指政府人事部门所属的人才交流机构本着充分尊重毕业生自主择业的原则，高效、公正、负责地为各类毕业生解决在择业、就业中遇到的人事方面的有关问题，并提供以档案管理为基础的社会化人事管理与服务。人事代理工作由县（市）以上（含县、市）政府人事部门所属的人才交流服务机构负责。

凡通过双向选择，已同外资企业、股份企业、乡镇企业、区街企业、私营企业、民办科技、教育、医疗机构、各种中介机构等非国有单位和实行聘用制的国有企、事业单位签订就业协议书的毕业生；择业期内暂未落实就业单位，目前正在择业的毕业生；准备复习考研的各类毕业生等，均应办理人事代理手续。

（一）人事代理的服务内容

1.向毕业生提供人事法律、法规和政策方面的宣传咨询服务；

2.为毕业生保管、整理人事档案及提供档案借阅、传递服务；

3.负责档案工资的核定调整，工龄连续计算；

4.为毕业生办理见习期满后的转正定级，专业技术职务资格评审；

5.代办养老保险、失业保险、医疗保险等社会保险业务；

6.负责管理毕业生的组织关系；

7.为毕业生挂靠户口关系；

8.负责接转毕业生的人事关系手续；

9.为毕业生办理出国（出境）政审呈报手续；

10.承办与人事管理相关的其他事宜。

（二）人事代理的作用

1.保护毕业生的合法权益。不同体制的单位，其人事劳动政策有显著区别，毕业生在不同体制单位中频繁流动会有许多人事问题需要衔接处理。而毕业生人事代理业务对毕业生流动中个人的档案保存、工龄的连续计算、社会保险的接续、职称评定等问题都能发挥很好的衔接作用，能够使毕业生在人才流动中的合法权益得到有效的保护，实现单位人向社会人的转化。

2.帮助毕业生从烦琐的事务中解脱出来。人事代理机构可以为毕业生迅速办理各项与其息息相关的福利及劳动人事事务，毕业生可以全身心地投入到自己的工作学习当中，免去后顾之忧。

3.人事代理制度削弱了毕业生对单位的依附感，在这种用人机制下，毕业生增加了工作的危机感和责任感，能够促进毕业生刻苦学习、努力工作，为单位创造更大的效益。

（三）人事代理的程序

根据毕业生的不同情况，毕业生人事代理手续办理程序也有所不同，具体程序分别是：

1. 择业期内已联系到接收单位的毕业生将有接收单位签章的就业协议书交到省、市人才交流中心，由省、市人才交流中心审核后签署人事代理意见。毕业生将就业协议书送交学校，由学校统一办理就业报到证、户口迁移证，并将毕业生档案交到省、市人才交流中心。毕业生持就业报到证、户口迁移证等材料到接收单位报到，就业单位无集体户口的，可直接落入省、市人才交流中心集体户口。

2. 择业期内暂未联系到接收单位以及准备升学、出国的毕业生，持就业协议书到，省、市人才交流中心，由省、市人才交流中心审核签署人事代理意见。毕业生将就业协议书交至学校，由学校统一办理就业报到证、户口迁移证，并将其档案送交省、市人才交流中心。毕业生持就业报到证、户口迁移证、身份证等材料到省、市人才交流中心报到，签订人事档案管理合同，户口落入省、市人才交流中心集体户口。

3. 择业期满仍未联系到接收单位的毕业生，由学校将其报到证开具到生源地的人事部门，由人事部门所属的人才交流中心负责接收并管理毕业生的人事关系。

第四节　就业权益的维护

毕业生在就业过程中，一定要积极主动了解和掌握国家有关就业方面的法律、法规以及政策、制度，时刻保持清醒的头脑，学会运用法律武器维护自己的合法权益不受侵害。

一、毕业生就业的基本权益

大学生作为一个特殊群体，在就业过程中除享有普通劳动者所享有的劳动报酬权、休息休假权、劳动保护权等一般权利外，还享有许多其他的权利。

（一）就业信息知情权

就业信息知情权是指大学毕业生拥有及时全面地获取应该公开的各种就业信息的权利。它包括三个方面的含义：信息公开，即任何团体、组织和个人都不得隐瞒、截留用人信息，要全部向毕业生公布；信息及时，即应当将就业信息及时向毕业生公布，否则就业信息就会过时，失去了利用价值；信息全面，即向毕业生公布的就业信息应当是全面完整的，部分的、残缺不全的信息将影响毕业生对用人单位的全面了解和准确判断，从而影响其对职业的选择。

（二）接受就业指导权

就业指导工作对毕业生来说意义重大，它会直接影响毕业生的职业生涯规划、就业意识、就业方向及求职择业的技巧。学校在毕业生就业指导中占据重要位置。为做好毕业生就业指导工作，学校应当设立专门机构、开设专门课程、安排专门人员对毕业生进行全方位的就业指导与服务，向毕业生宣传国家关于毕业生就业的方针、政策，帮助毕业生做好职业规划，对毕业生进行择业技巧的指导，引导毕业生准确定位，合理择业。除了学校，毕业生还可以从社会上合法的就业指导机构获得帮助。

（三）被推荐权

向用人单位推荐毕业生是学校就业工作的一项重要职责，学校的推荐对用人单位选择毕业生起着重要作用。毕业生享有被学校及时、公正、如实推荐到用人单位的权利。学校推荐毕业生时应做到：如实推荐，对毕业生的在校表现不夸大、不贬低，实事求是；择优推荐，在公开、公正的基础上择优推荐毕业生，使人尽其才，并激发广大学生学习工作的积极性；公正推荐，根据个人的表现及能力，公平、公开、公正地推荐每一位毕业生，使大家都能够享受到被推荐的权利。

（四）平等就业权

毕业生在就业过程中享有平等的就业权利，有平等的机会去竞争工作岗位。毕业生应当平等地接受学校推荐，平等地参加用人单位的公开招聘，同时还应该要求用人单位在录用毕业生时能够做到公平、公正、一视同仁。目前社会上确实存在着种种就业歧视，包括性别歧视、地域歧视、学历歧视、经验歧视、身体条件歧视等，毕业生在遭遇这些歧视时，应该勇敢地拿起法律武器维护自己的权益。

（五）就业选择自主权

根据国家规定，毕业生在国家就业方针、政策的指导下"双向选择，自主择业"，即毕业生可按照自己的意愿就业，有权决定自己是否就业，何时就业，何地就业，从事何种职业，学校、其他单位和个人均不得干涉。任何强加给毕业生的就业行为都是侵犯毕业生就业自主权的行为。

（六）择业知情权

毕业生在与用人单位签订就业协议书以及劳动合同前，有权了解用人单位的主体资格、劳动岗位、劳动条件、劳动报酬及规章制度等情况，用人单位应当如实说明和介绍，不能回避或故意隐瞒某些职业危害，也不能夸大单位规模和提供给毕业生的待遇。

（七）违约求偿权

用人单位、毕业生、学校的三方协议一经签订后，任何一方不得擅自毁约和违约。如果用人单位无故解除协议，或不按照协议内容履行，毕业生有权要求用人单位承担违约责任，包括支付违约金。有些用人单位出于单位改制、经营情况不好等原因，主动向毕业生提出解除协议，甚至个别单位在招聘时提供了虚假信息，在毕业生到单位就业后不能履行对毕业生的承诺，对于这些情况毕业生有权向用人单位提出赔偿要求。

（八）户口档案保存权

毕业生自毕业之日起，在择业期内如果没有联系到合适的工作单位，没有和用人单位签订就业协议书，也没有因回生源地自主择业、出国等情况而办理人事代理手续，有权将档案和户口保存在学校，学校应当对毕业生的学籍档案和户口关系进行妥善保管，不能向毕业生收取费用。择业期满后，学校就不再承担此义务。

二、毕业生就业权益的自我维护

（一）强自我保护意识

首先，要端正求职心态，防止急躁情绪。激烈的就业竞争往往会使毕业生产生盲目、焦急和浮躁等不良心态，这就给一些不法单位和机构以可乘之机，诱骗了不少毕业生。因此，毕业生要调整情绪，保持平稳心态，在求职前做好心理准备，防止因轻信而上当受骗。其次，要对用人单位进行全面深入的了解，未雨绸缪。毕业生对用人单位有择业知情权，签约前，毕业生应通过多种途经多方了解用人单位的各方面情况，最好能够实地考察一下，以做到心中有数。最后，慎签就业协议书和劳动合同，不可盲目草率。仔细阅读协议书和合同的各项条款，明确双方的权利和义务，不留漏洞，以免日后产生纠纷。

（二）增强法律意识

毕业生要学习掌握与就业有关的法律法规，当自己的权益遭受侵害时，能够积极运用法律武器维护自己的合法权益。尤其是在签订就业协议书、订立劳动合同这些用人单位容易钻空子的环节上，切记要按法律程序进行。

（三）树立契约意识

毕业生与用人单位签订的就业协议书是确立双方当事人之间劳动关系的一种契约，具有法律效力。毕业生在签约时要具备契约意识，一方面通过协议保护自己的合法权益，另一方面必须严格遵守并积极履行协议内容，未经对方同意不得擅自毁约、违约，否则就要承担法律责任。

（四）增强维权意识

毕业生不但要明确自己在就业过程中享有哪些权利，还要具有强烈的维权意识。当权益受侵犯时，要敢于拿起法律武器据理力争，而不是选择忍气吞声，不了了之。只有这样，才能真正使自己与用人单位处于平等的地位，自己的合法权益才能得到切实的保障。

三、毕业生维权求助的途径

毕业生在权益受到侵犯时，不要惊慌失措，更不要冲动蛮干，要懂得通过合法途径保护自己的权益。

（一）依靠学校

毕业生在求职过程中遇到问题，权益受到侵犯时，应首先到学校的毕业生就业主管部门寻求帮助，学校有责任和义务维护学生的利益。学校可以制定各项措施来规范用人单位的招聘行为，还有权抵制用人单位在招聘活动中不公正甚至违法的行为。就业协议书需三方同意才生效，对不符合规定的就业协议，学校有权不同意。对于可以协商解决的问题，由学校与用人单位进行沟通，将有助于问题的顺利解决。

（二）依靠国家行政机关

当毕业生权益受到侵犯时，毕业生可向各级行政主管部门举报、投诉。这些部门主要有毕业生就业主管部门、劳动局所属的劳动监察部门、物价局所属的物价监察部门、技术监督局所属的技术监督部门、工商行政管理局等。这些部门会依法对侵犯毕业生合法权益的行为进行处理。

（三）借助新闻媒体

毕业生可以借助报纸、电视、网络等新闻媒体的力量，对自己遭受的权益受侵行为进行披露、报道，充分发挥新闻媒体的舆论监督作用，以便引起社会的关注和相关部门的重视，从而促进问题的快速、有效解决。

（四）寻求法律援助

法律援助是指由政府设立的法律援助机构组织法律援助人员为经济困难或特殊案件的人员给予提供法律服务，并减免收费的一项法律保障制度。法律援助是一项扶助贫弱、保障社会弱势群体合法权益的社会公益事业。毕业生遇到就业问题时也可以到当地的法律援助中心寻求法律帮助。

（五）依靠司法机关

我国的《民法通则》《民事诉讼法》《劳动法》《行政诉讼法》《刑事诉讼法》《治安管理处罚条例》等法律、法规明确规定，被害人有权对侵犯其人身、财产权利的犯罪事实或犯罪嫌疑人，向公安机关、人民检察院或人民法院报案或提起诉讼。毕业生可在切身利益受到侵犯时，依靠司法机关保护自己的合法权益。

能力训练

1.知识问答

《劳动合同法》知识问答

题目：

（1）用人单位规章制度对劳动者有约束力吗？

（2）直接涉及劳动者切身利益的规章制度或者重大事项指的是哪些事项？

（3）用人单位可以扣押劳动者的身份证等证件吗？

（4）建立劳动关系应当以什么形式订立劳动合同？

（5）建立劳动关系后，最迟应该在多长时间内订立书面劳动合同？

（6）劳动合同可以任意解除吗？

（7）劳动合同的解除分为哪几种情况？

（8）在什么情形下，劳动合同终止？

（9）若劳动合同终止，用人单位是否支付经济补偿？

（10）用人单位违法解除或者终止劳动合同的，应当怎么处理？

（11）什么是劳务派遣？

（12）劳动合同的某一条款无效，是否会导致整个劳动合同无效？

（13）"工伤自理"条款是否有效？

（14）什么是竞业限制？

（15）用人单位是否可以任意与劳动者约定由劳动者承担违约金？

（16）试用期、服务期是如何确定的？

（17）劳动合同是否必须经用人单位与劳动者双方签字才能生效？

（18）劳动合同文本可以仅由用人单位保管吗？

（19）用人单位不与劳动者订立书面劳动合同怎么办？

答案：

（1）答：用人单位依照法定程序制定的、内容不违反法律法规并向本单位职工公示使其知悉的规章制度，对本单位以及本单位的劳动者具有约束力，本单位以及本单位劳动者应当遵守。

（2）答：根据《劳动合同法》第4条，直接涉及劳动者切身利益的规章制度或者重大事项是指有关劳动报酬、工作时间、休息休假、劳动安全卫生、保险福利、职工培训、劳动纪律以及劳动定额管理等事项。

（3）答：根据《劳动合同法》第9条，用人单位招用劳动者，不得扣押劳动者的居民身份证和其他证件。其他证件包括学历证书、毕业证书、职业资格证书等。

（4）答：根据《劳动合同法》第10条，建立劳动关系，应当订立书面劳动合同。

（5）答：根据《劳动合同法》第10条，已建立劳动关系，未同时订立书面劳动合同的，应当自用工之日起1个月内订立书面劳动合同。也就是说，法律提倡用人单位在建立劳动关系之日即用工之日就与劳动者订立书面劳动合同，但是如果用人单位没有在建立劳动关系之日与劳动者订立书面劳动合同，只要在自用工之日起1个月内订立了书面劳动合同的，就不属于违法行为。

（6）答：根据《劳动合同法》第四章，解除劳动合同必须符合法定情形，不可以任意解除劳动合同。

（7）答：根据《劳动合同法》第四章，劳动合同的解除分为三种，即双方协商解除劳动合同、劳动者单方解除劳动合同和用人单位单方解除劳动合同。

（8）答：根据《劳动合同法》第44条，有下列情形之一的，劳动合同终止：①劳动合同期满的；②劳动者开始依法享受基本养老保险待遇的；③劳动者死亡，或者被人民法院宣告死亡或者宣告失踪的；④用人单位被依法宣告破产的；⑤用人单位被吊销营业执照、责令关闭、撤销或者用人单位决定提前解散的；⑥法律、行政法规规定的其他情形。

（9）答：根据《劳动合同法》第46条，除用人单位维持或者提高劳动合同约定条件续订劳动合同，劳动者不同意续订劳动合同的情形外，用人单位依照本法第44条第一项规定终止固定期限劳动合同的；用人单位被依法宣告破产或者用人单位被吊销营业执照、责令关闭、撤销或者用人单位决定提前解散而终止劳动合同的，用人单位应当向劳动者支付经济补偿。

（10）答：根据《劳动合同法》第48条和第87条，用人单位违法解除或者终止劳动合同，劳动者要求继续履行劳动合同的，用人单位应当继续履行；劳动者不要求继续履行劳动合同或者劳动合同已经不能继续履行的，用人单位应当依照经济补偿标准的两倍向劳动者支付赔偿金。

（11）答：劳务派遣，是指劳务派遣单位与被派遣劳动者订立劳动合同后，将该劳动者派遣到用工单位从事劳动的一种特殊的用工形式。在这种特殊用工形式下，劳务派遣单位与被派遣劳动者建立劳动关系，但不用工，即不直接管理和指挥劳动者从事劳动；用工单位直接管理和指挥劳动者从事劳动，但是与劳动者之间不建立劳动关系。

（12）答：根据《劳动合同法》第27条，劳动合同部分无效，不影响其他部分效力的，其他部分仍然有效。根据《劳动合同法》第28条，劳动合同被确认无效，但劳动者已付出劳动的，用人单位应当向劳动者支付劳动报酬。劳动报酬的数额，参照本单位相同或者相近岗位劳动者的劳动报酬确定。

（13）答：一些用人单位在与劳动者订立劳动合同时，约定劳动者在劳动过程中"工伤自理"，即发生工伤的由劳动者自己承担责任，用人单位概不负责；或者约定不为劳动者缴纳社会保险费等内容。尽管在劳动合同订立时劳动者表示同意，但这种劳动合同条款由于违反了《劳动法》《劳动合同法》《工伤保险条例》等法律、法规，因此属于无效条款。

（14）答：根据《劳动合同法》第23条和第24条，竞业限制是指用人单位在劳动合同或者保密协议中，与掌握本单位商业秘密和与知识产权相关的保密事项的劳动者约定，在劳动合同解除或者终止后的一定期限内，不得到与本单位生产或者经营同类产品、从事同类业务的有竞争关系的其他用人单位任职，也不得自己开业生产或者经营同类产品、从事同类业务。劳动者违反竞业限制约定的，应当按照约定向用人单位支付违约金。

（15）答：根据《劳动合同法》第25条，除了在培训服务期约定以及竞业限制约定中，用人单位可与劳动者约定由劳动者承担违约金外，在其他情形下，用人单位不得与劳动者约定由劳动者承担违约金。

（16）答：根据《劳动合同法》第19条，试用期的上限根据劳动合同期限设定：劳动合同期限为3个月以上不满3年的，试用期不得超过1个月；劳动合同期限为1年以上不满3年的，试用期不得超过2个月；3年以上固定期限和无固定期限的劳动合同，试用期不得超过6个月。同一用人单位与同一劳动者只能约定一次试用期。根据《劳动合同法》第22条，在用人单位为劳动者提供专项培训费用、对其进行专业技术培训的情况下，可以与该劳动者订立协议，约定服务期。

（17）答：根据《劳动合同法》第16条，劳动合同由用人单位与劳动者协商一致，并经用人单位与劳动者在劳动合同文本上签字或者盖章后，才能生效。

（18）答：根据《劳动合同法》第16条，劳动合同文本由用人单位和劳动者各执一份。这就是说，劳动合同文本不可以仅由用人单位保管。

（19）答：根据《劳动合同法》第11条、第14条和第82条，用人单位自用工之日起超过1个月不满1年未与劳动者订立书面劳动合同的，应当向劳动者每月支付两倍的工资。用人单位自用工之日起满1年不与劳动者订立书面劳动合同的，视为用人单位与劳动者已订立无固定期限劳动合同。

2.就业访谈

大学生就业竞争越来越激烈，想找到心中的那份好工作更是难上加难，很多大学毕业生都还没上岗,在就业过程中就处处碰壁。为此,可以对典型人物进行就业访谈。

(1) 访谈方式:电话预约十人物访谈。

(2) 访谈对象:毕业的师哥师姐、知名校友、已就业同学等。

(3) 访谈记录:可向根据具体的访谈对象,提出以下部分或全部问题。

①如何获得招聘信息来源?

②作为即将毕业的大学生,应该为就业做哪些准备工作?

③对于求职,你对师弟师妹们有哪些建议?

④面试时应注意哪些?

⑤签订就业协议书和劳动合同时应注意哪些?

⑥就业过程中是否遇到过就业权益被侵害的情况?是如何处理的?

⑦DC业权益被侵害时,应当如何自我维护?

(4) 访谈报告:

报告应包含以下内容。

①访谈情况概要。写明访谈对象的简介信息、访谈时间、访谈方式等。

②访谈对象的公司背景。

③访谈内容记录。分块编写,条理清晰。

④访谈心得感悟。写自己的访谈体会,并做相关总结。

第八章 了解相关指导 把握就业机遇

第一节 报考公务员相关指导

报考国家公务员是大学生毕业生就业的一条主要途径,也是许多大学生的理想职业岗位。在报考公务员之前,应当了解报考公务员的步骤、所具备的素质以及条件。

公务员,是指依法履行公职、纳入国家行政编制、由国家财政负担工资福利的工作人员。成为公务员,必须通过国家公务员考试。

在我国现阶段,党的机关、人大机关、政协机关、人民法院、人民检察院、群众团体机关招考工作人员的原则上都要参照公务员招考办法同期进行。

一、公务员招考步骤

公务员招考按照各级人事部门的统一部署开展,一般有以下步骤(具体细节上各地及各部会有差异,要以主管招考的相关部门的规定为准)。

(一) 发布招考公告 (简章)

报考公告(简章)的内容包括:招考单位、职位、专业、人数、资格条件、报名方式、考试科目、内容、报名及考试时间和地点等。

(二) 报名

如有网上报名须先在网上填写相关资料,然后将这些资料打印出来,在规定的时间内持相关证件,到指定地点进行资格确认。

如果只是现场报名,考生要到指定的报名点办理报名手续。考生一般应持以下报名材料:应届毕业生持本人身份证、学生证、《应届毕业生就业推荐表》、成绩单、近期正面免冠照；其他人员持本人身份证、户口本、学历证和有关证明材料以及本人近期正面免冠照。

（三）考试

考试包括笔试和面试，笔试一般都统一命制试卷、统一考试时间，并统一组织阅卷评分。对笔试合格的考生，依笔试成绩高低顺序，按招考职位和拟录用人数1：3的比例由人事部门确定面试对象，面试时间会有差异，届时会有通知，并在相关网站公布。

（四）体检和考核

对面试合格的考生，按笔试、面试成绩各占50%的比例合成总成绩，依总成绩高低顺序，按照招考职位拟录用人数等额确定体检、考核人选。体检不合格者，按成绩高低顺序依次补上。

（五）录用

根据考生总成绩高低顺序和体检、考核结果，分类择优拟定录取人选，报省人事部门审批。

（六）试用期

新录用的国家公务员，试用期为1年。试用期满合格的，予以正式任职；不合格的，取消录用资格。

二、报考国家公务员应具备的基本素质

国家公务员素质的高低，直接影响着机关的效率和威信，关系着事业的成败。因此，机关对报考公务员的大学毕业生在素质上有较高的要求。

（一）较高的思想政治素质

有一定的思想政治理论水平，能用马克思主义、毛泽东思想和邓小平理论去分析问题、解决问题。坚决贯彻执行党的基本路线，坚持社会主义方向；坚持理论联系实际、实事求是的思想路线，一切从实际出发，按事物发展的客观规律办事。

（二）良好的职业道德修养

公务员应具备的职业道德修养主要包括以下方面：

1. 全心全意为人民服务。把"人民拥护不拥护，人民高兴不高兴"作为处理公务的准则。

2. 实事求是，秉公执政。公务员应该具备实事求是的优良作风，坚持原则，

讲真话，克己奉公，不徇私情；不讲假话、空话、大话，更不能欺上瞒下，弄虚作假，口是心非，投机取巧。

3.勤政廉洁，禁绝奢华。公务员只有勤勤恳恳地为人民服务的义务，而没有任何利用职务之便占"便宜"的权力。

4.严以律己，宽以待人。公务员只有严以律己，才能使党和国家的方针政策得到贯彻，才能团结人民取得社会主义事业的胜利。

（三）较强的业务能力

只有熟悉与本职工作相关的业务，才能胜任本岗位的工作。因此，公务员应全面掌握与本职有关的专业知识，以及法律、经济、行政管理等基础知识，具备从事本职工作的基本业务能力。主要包括以下几个方面。

1.调查研究能力

调查研究是公务员的基本功，要不断观察行政运行过程中各种因素的变化；收集、整理、分析各种政务信息，主动寻找问题，针对问题进行调查研究，深入到群众中去听取他们的意见和建议，以作为制订政策、作出决策的重要依据。

2.决策和计划能力

管理的过程就是决策过程。每一个公务员在参与决策时都必须考虑社会影响和社会承受能力，精心地设计方案供领导选择。同时，还要善于将政府的决策变为切实可行的实施计划，变成为人民群众服务的具体行动。

3.综合协调能力

机关是庞大社会工程的组织者，现代社会往往把一件复杂工作的总体分散给无数的人去做，只有每个人完成自己分管的工作，才能使该项工作得以圆满完成。这就要求公务员具有较强的综合协调能力。要学会协调不同部门、不同地区之间的关系，不断解决矛盾，围绕决策要达到的目标，团结各方面力量共同工作。

4.语言文字表达能力

语言文字是相互沟通的媒介，晦涩、冗长的语言使人不得要领，含糊不清的语言会使人误解，语言的误用会造成行政管理的失误。因此，公务员必须熟知和使用规范的语言，力求简洁、准确。

5.公文的撰拟与办理能力

这里的公文指公务文书，是行政管理运行的载体。撰拟与办理公文是每个公务员的基本功。因此，公务员应熟悉和了解公文的种类、体例、格式及办文程序。严格按照有关规则撰写和办理各类公文。

（四）健康的身心素质

健康的身心素质是从事公务活动的前提，也是国家招考公务员的基本素质要求。主要包括健康的体魄、良好的适应能力、合群的性格和多方面的兴趣爱好等。

三、报考国家公务员的对象及条件

目前我国招考国家公务员的工作分级进行，国家公务员考试由人事部统一组织实施，地方国家机关招考公务员由各省（自治区、直辖市）人事厅（局）组织实施。虽然报名、考试时间有所不同，但招考条件和考试内容大同小异。

（一）招考对象

招考对象为应届和历届毕业的专科生、本科生、研究生（定向培养生除外）。

（二）报考条件

1. 具有中华人民共和国国籍。
2. 拥护中华人民共和国宪法。
3. 具有良好的品行。
4. 具有符合职位要求的工作能力。
5. 具有正常履行职责的身体条件。
6. 具有大专以上文化程度。
7. 具有招考职位要求的资格条件。

第二节　考研指导

高等学校和科学研究机构招收攻读硕士学位研究生，是为了培养热爱祖国，拥护中国共产党的领导，拥护社会主义制度，遵纪守法，品德良好，为社会主义建设服务，掌握本学科坚实的基础理论和系统的专业知识，具有创新精神和从事科学研究、教学、管理或独立担负专门技术工作能力的高级专门人才。

一、研究生的种类

（一）按学习方法不同分类

按学习方法的不同，研究生分为脱产研究生和在职研究生。前者指在高等学校和科研机构进行全日制学习的研究生；后者指在学习期间仍在原工作岗位承担一定工作任务的研究生。

（二）按学习经费渠道不同分类

按学习经费渠道的不同，研究生分为国家计划研究生、委托培养研究生（简称委培生）和自费研究生。国家计划研究生的培养经费由国家提供，又分为非定向研究生和定向研究生（简称定向生），其中非定向研究生毕业时实行双向选择的自由就业制度；定向生则在录取时就必须签订合同，毕业后按合同规定到定向地区或单位工作。委托培养研究生的培养经费由委托单位提供，录取时要签订合同，毕业后到委托单位工作。自费研究生的培养经费由自己提供，有时候也可以从导师科研经费中开支，或获取社会赞助。国家计划非定向研究生，通常就是我们所说的"公费"研究生，目前在硕士研究生招生名额中占据较大份额，但随着连年扩招，自费研究生的份额也在不断扩大。

（三）按照专业和用途的不同分类

按照专业和用途的不同，研究生分为普通研究生和特殊种类研究生。其中普通研究生占绝大部分。目前我国比较成熟的特殊研究生主要有工商管理硕士（MBA）和法律硕士（一般简称"法硕"），近来又出现了行政管理硕士（MPA）。特殊研究生和普通研究生在报考资格、学制要求、学习内容等方面均有很大不同。

（四）按照考试方式的不同分类

按照考试方式的不同，分为以全国统考、单独考试、法律硕士联考、MBA联考等方式取得资格的研究生。

二、读研究生的途径

对于应届本科毕业生而言，就读研究生可以考虑的路主要是两条：一是保研，二是考研。

（一）保研

保研，即"免试推荐硕士研究生"，一般每年秋季9月下旬至10月下旬在大四学生中进行筛选，规则制订和操作权由各学校掌握，因此学校不同，保研情况也各有不同。通常有以下几种：

1.主要基于学习成绩的免试直推。这在保研名额中占据了大部分。一般做法是学校划定基本学习成绩要求，按照一定名额比例下发到各院系，由院系结合其他方面情况，上报名单，学校审批。一般情况下只有班级前几名才可能保研。

2.特长生免试直推。有些学校为了留住特长人才，往往给予特别优惠，免试推荐，就读研究生。常见的有体育类和文艺类特长生，但名额非常少，要求很严，还有许多学校没有此类政策。

3.校际间免试直推。教育主管部门为了鼓励高校之间学术交流，近几年大力提倡向其他高校免试推荐优秀毕业生。由于各学校保研条件和学生学习状况的差异，有时候在本校难以获得保研资格的学生在其他学校反而可能如愿以偿。因此，如果本校学生成绩很好，排名也比较靠前，但估计本校保研希望不大的，可以试一试跨校保研。需要注意的是，学生应该去寻求有关信息，并主动与对方学校取得联系。

4.免试推荐、保留入学资格。这类保送生不是马上就去读研，而是保留入学资格一两年，先按照学校安排去有关部门工作，或作为教育部门选派人员去边远地区支教。通过这种途径保送的条件相对要低一些，但也不是人人都能申请，一般只有表现突出的学生干部或活动积极分子才有入选资格。同时，这也不一定是最佳选择，毕竟要耽误一两年的大好青春。

免试推荐并不代表不参加考试，许多学校为了确保推荐质量，还会加试一些科目，如英语、专业课等，而且复试也是必须参加的。

（二）考研

考研是一个艰苦而漫长的过程，一旦下定了决心准备考研，首要的问题就是报考志愿，科学理性地选择学校和专业是考研成功的第一步。在选择报考的学校和专业时，考生应该结合自身的意愿和条件以及将来自己的发展方向来考虑考研志愿。

1.做好心理准备

在决定考研之前问问自己：为什么要考研？经历过本科阶段的学习，在准备考研时我们应该清楚自己真正需要的是什么，又该怎么去做。部分考生对自己的专业很感兴趣，认为应该更加深入地学习研究，用来增长自己的才干；有的需要更换自己的专业，在自己感兴趣或者更有前途的方向求得更好的发展；还有许多考生主要考虑提升学历以便将来能够找到更好的工作。

总之，应当慎重考虑自己所选择的学校和专业是否有利于将来的发展，是否能通过自己的努力来实现目标，是否符合自己的兴趣爱好。

2.选择合适专业

在报考阶段，应该按照社会上的一些评价以及招考人数、录取难度等标准，理性地选择"最适合"的专业。这里，我们将研究生专业分为热门专业、传统专业和特殊专业硕士加以分析。

（1）热门专业。热门专业主要指那些切合时代热点，社会需求量大，未来就业前景看好的专业。这些专业因其在社会的需求量大、求职机会多、未来发展也比较光明，为大多数考生所看好。例如，建筑、土木工程、计算机、金融经济类学科、法学学科、新闻类学科等。但是这类热门专业最大特点就是报考人数爆满、竞争激烈，录取比例较低。报考此类专业的学生最好评估一下自己的兴趣和潜力，广泛听取别人的意见，量力而行，选择好自己的专业。

（2）传统专业。传统专业主要是指那些社会总体需求量有限的基础学科类专业。这类专业常见的有文史类、哲学类、冶金类、地质类，数、理、化基础学科等。与热门专业相比，这类专业就显得比较冷门。但是由于其多年积累的严谨的治学体系，传统类学科专业对学生的综合素质的培养是其他专业所无法替代的。这类专业在研究生招生培养名额中占有很大的比例，且竞争也不太激烈。

（3）特殊专业。特殊专业主要指工商管理硕士（MBA）、法律硕士（JM）和软件工程硕士（MSE）以及公共管理硕士（MPA）等。与倾向于"研究"意义上的硕士研究生相比，专业硕士研究生在培养方面更注重实践与应用，培养的时间也较短（一般为2年）。工商管理硕士（MBA）招生考试相对独立，因为培养方向主要在应用方面，因此，特殊专业硕士的专业课水平要求较浅，更多的是考一些主要课程的基础知识。虽然特殊专业硕士招生学校数目少，但一般招生量较大，对于一些跨专业考试的考生来说，报考特殊专业硕士更合适一些，至少可以在专业课上不被"科班出身"的考生拉得太远。

3.选择合适院校

在选择好专业后，接下来就要确定报考学校。在选择学校时应该考虑到以下因素。

判断一个招生单位的质量通常可以从这几个方面进行判断：在该专业领域的地位；导师的名气、学术成就；该学校（单位）在近年来所取得的学术成果等。在全面了解招生院校真实的信息，权衡利弊后，作出正确的抉择。尤其是那些竞争实力一般的考生，更要借助于信息的收集，选择录取可能性最大的专业和招生单位。适当选择高层次的院校，促使自己加倍努力复习。

具体来讲，首先要统计分析招生院校近3年来的录取分数线，一些比较好的学校的总分和单科录取分数线有可能会高于全国统一最低分数线。其次，要统计分析所报考专业近3年来的录取平均分。这些数据应该尽量往前多收集几年，可以看出一个趋势，分析一下录取门槛是逐步降低还是逐步抬高，是基本稳定还是剧烈波动。逐步抬高的难度比较大，而波动剧烈的风险比较大。在选择学校和专业时还应考虑尽量避开竞争焦点，把目标定的现实一些，提高自己的录取概率。

总之，在选择学校时一定要把目光放得长远一些，根据社会经济发展和人才需求趋势理性判断专业的就业前景，切忌盲目跟风。其实无论哪个专业，关键是你是否努力取得好成绩，只要有所成就，实现个人目标是水到渠成的事情。

三、报考条件

符合下列条件的，可以报名参加国家组织的全国统一招生考试。

（一）政治条件

①中华人民共和国公民。②拥护中国共产党的领导，愿为社会主义现代化建设服务，品德良好，遵纪守法。

（二）学历条件

考生的学历必须符合下列条件之一：

1. 国家承认学历的应届本科毕业生；
2. 具有国家承认的大学本科毕业学历的人员；
3. 获得国家承认的高职高专毕业学历后，经两年或两年以上（从高职高专毕业日期算起），达到与大学本科毕业生同等学力，且符合招生单位根据本单位的培养目标对考生提出的具体业务要求的人员；
4. 国家承认学历的本科结业生和成人高校应届本科毕业生（不含自考生和网络教育学生），按本科毕业同等学力身份报考；
5. 已获硕士学位或博士学位的人员，可以再次报考硕士生，但只能报考委托培养或自筹经费的硕士；在校研究生报考需征得所在学校同意。

（三）年龄条件

年龄一般不超过40周岁，报考委托培养和自筹经费的考生年龄不限。

（四）身体健康状况符合招生单位规定的体检要求

（五）人事条件

普通高校应届本科毕业生须持有所在学校的推荐信和学生证；在职人员须持有所在单位人事部门的介绍信和工作证；其他人员须持有本人档案所在单位开具的介绍信。如果该单位无人事调配权，则须持上级主管单位人事部门的介绍信。

（六）学历证明

在职人员为大学本科毕业生的，需持毕业证书和学位证书；同等学历者，须持所在单位出具的达到本科毕业程度的证明材料。应届毕业生因尚未拿到学历、学位证书，持学校介绍信即可。

四、报名、考试具体事宜

（一）报名时间

考生正式报名日期一般为每年9月至10月。现在一律采用网上报名方式，考生自行登录"中国研究生招生信息网"（http://yz.chsi.com.cn）浏览报考须知，按教育部、报考点以及报考招生单位的网上公告要求报名。

（二）考试科目

考研科目分为公共课和专业课，公共课是必考科目，专业课是根据各个学校的专业来定的。公共课包括英语与政治；专业课根据专业要求设置专业考试科目。

（三）考试与录取

入学考试分初试和复试，初试后还要经过复试，才能正式被录取。复试由各招生单位负责，一般安排在4月下旬到5月上旬左右，各招生单位自行举行。复试合格、体检合格的，在6、7月份会收到录取通知书，9月份正式跨入研究生的行列。

（四）录取中的调剂

由于专业冷热、报考人数多少的原因，每年都会出现某些学校或专业分数线极高，许多成绩过线、甚至高分的考生不能被录取，同时，有些学校或专业则招不满人。这种情况下，一批成绩过线但总分不够高、不能被所报专业录取的考生在条件具备、对方愿意的前提下，可以通过调剂的方式转入本校或其他学校的相关专业。初试成绩符合复试调剂基本分数要求，可以申请调剂。调剂复试的具体要求均以初试结束后教育部发出的录取工作通知的规定为准。届时，考生可通过"中国研究生招生信息网"调剂服务系统填写报考调剂志愿。

第三节 出国留学指导

一、出国留学的类别及条件

一般来说，出国留学可分为两大类：国家派出和自费留学。国家派出有以下几种情况：一种是由国家有关部委支付经费；二是由世界银行贷款；三是校际交流。还有一种是自筹经费，或由亲友资助，或享受国外奖学金，由个人申请，经有关部门批准后，列入国家计划，出国手续与公费人员一样办理。这就是通常所说的"自费公派"。自费留学是由私人或亲友资助，或享受国外奖学金，出国手续均由个人办理。

（一）公派出国留学人员的条件

1.政治条件

热爱祖国，热爱社会主义，思想品德优良，在实际工作和学习中表现突出，积极为社会主义现代化建设服务。

2.业务条件

出国大学生应是高中毕业、成绩优秀的人员。出国研究生应是具有大学毕业及以上水平的成绩优秀的人员，并应根据不同学科的特点，规定出国前参加实际工作的年限。出国进修人员和访问学者应是教学、科研、生产的业务骨干，具有大学毕业及以上水平，并在高等学校、科研单位及工矿企业等部门中从事本专业工作五年以上（特殊优秀者或因工作需要者可适当缩短），或获得硕士学位后，从事本专业工作两年以上，或从事职业技术教育专业工作两年以上的人员。出国进修人员和访问学者的年龄，应根据出国留学的不同种类确定，一般不得超过五十岁。

3.外语条件

各类出国留学人员都应掌握相应国家的语言文字，能够比较熟练地运用外文阅读专业书刊，有一定的听、说、写能力，经过短期培训即能用外语进行有关学科的学术交流。出国大学生和研究生的外语能力必须达到能听课的水平。

4.身体条件

各类公派出国留学人员的健康状况，必须符合出国留学的规定标准，经过省、市一级医院检查并得到健康合格证明书（证书有效期为一年）。

（二）公派出国留学人员的选派

1.公派出国留学人员是指根据国家建设需要，得到国家以及有关部门、地方、单位全部或部分资助，通过各种渠道和方式，有计划派出的留学人员。按国家统一计划，面向全国招生，统一选拔、派出，执行统一经费开支规定的出国留学人员，为国家公派出国留学人员（简称"国家公派"）；按部门、地方、单位计划，面向本地区、本单位招生、选拔、派出，执行部门、地方、单位经费开支规定的出国留学人员（包括个人经本单位同意和支持，通过取得各种奖学金、贷学金、资助等并纳入派出计划的留学人员）为各部门、地方、单位的公派出国留学人员（简称"单位公派"）。

2.公派出国留学人员分为大学生、研究生、进修人员和访问学者。

3.出国攻读大学本科、专科和研究生的留学人员在国外的学习年限一般按对方国家的学制，由派出单位确定。出国进修人员和访问学者在国外的期限，根据进修和研究课题的实际需要，一般为三个月至一年，特别情况可为一年半，均由派出单位按派遣计划确定。

4.派出单位要帮助和指导公派出国留学人员选好在国外学习、进修、实习或从事研究的单位。这些单位应具有较高水平或专业方面特长。

二、公派出国留学人员的申报手续和经费等管理办法

（一）公派出国留学人员的申报手续

公派出国留学的办理程序是：符合公派留学条件者，在接到国外学校的入学许可证件和外汇资助证明后，由本人向所在单位提出申请，经所在单位批准后，按隶属关系，由单位向其上级部委或省、自治区和直辖市申报。上级部门审批同意后，由该部委或省、自治区和直辖市的有关部门负责办理出国手续。

享受对方院校奖学金或资助费的公派出国留学人员，如在出国时尚未拿到资助费现款，可向派出单位申请垫付外汇额度（非贸易外汇三联单），以供购买机票；由亲友提供资助者，其出国旅费，可凭护照和前往国的入境签证，以及国务院有关部委和省、自治区、直辖市主管部门出具的因公派出证明，自备人民币，按规定到中国银行申请兑换外汇。

（二）公派出国留学人员的工资、工龄和有关经费的管理办法

1.出国进修人员和访问学者，在批准出国留学的期限内，国内工资由原单位照发，国内计算工龄；国内公派出国攻读博士学位的研究生获得博士学位后，在批准的攻读博士学位期限内，国内计算工龄。公派出国攻读学位的在职人员，在学习期限内的国内工资待遇按国内对同类人员的有关规定办理。

2.国家公派出国留学人员的出国置装费、出国旅费、在国外学习期间的学习和生活费，研究生和大学生中途回国休假的往返国际旅费等，按国家的统一规定办理。

3.单位公派出国留学人员的出国置装费、出国旅费、在国外学习期间的学习和生活费，研究生和大学生中途回国休假的往返旅费等，按派出部门、地方、单位参照国家统一规定结合选派单位具体情况制定的有关规定办理。

4.公派大学生、研究生自费回国休假、探亲，以不影响学习为前提，由驻外使、领馆审批。

5.学成归国的公派留学人员，一般应回原单位工作，如用非所学，不能发挥本人专业特长，由其所在单位报请各级部委或省、自治区、直辖市的有关部门酌情办理。

（三）因公出国留学人员护照的申领

下列因公出国留学人员，按国家规定，持用因公普通护照：

1.根据协议、合同被派往国外的留学生、研究生、进修生、访问学者或进行合作研究、讲学、任教的有关人员；

2.被派往国外实习、接受培训、监造和检验等人员。

上述因公普通护照的颁发机构是我国外交部或授权受理的省、市外事办公室。

三、自费出国留学的有关规定

（一）自费出国留学人员的条件和工龄、待遇

1. 自费出国留学人员是指我国公民提供可靠证明，由其定居外国及香港、澳门、台湾地区亲友资助，或使用本人、亲友在国内的外汇资金，到国外高等学校、科研机构学习或进修的人员。

2. 在高等院校学习的非应届毕业班的学生和归国华侨及其眷属，国外华侨，香港、澳门、台湾同胞和外籍华人在内地的眷属，符合1.的情况并取得国外入学许可证件和经济担保书的，均可申请自费出国留学。

3. 高等学校应届毕业班的学生，已经列入国家分配计划，应服从分配，为国家服务。

4. 国内在学研究生，一般不得中断学习自费出国留学。

5. 凡全日制高等教育机构公费的各级别毕业生，在读四年级以上（含四年级）学生、研究生及在这段学习期间退学的人员，全日制成人高校的毕业生，都必须按规定完成服务期年限后方可申请自费出国留学。

6. 专业技术骨干人员，包括助理研究员、讲师，工程师、主治医师及以上的人员，毕业研究生以及优秀文艺骨干、优秀运动员、机关工作业务骨干和具有特殊技艺的人才等，申请自费出国留学，应尽量纳入公派范围，获准后他们在国外留学期间的管理和国内待遇按公派出国留学办法办理。

7. 高等学校在校学生获准自费出国留学的，可保留学籍一年。

8. 获得博士学位回国参加工作的，其在国外攻读博士学位的年限，国内计算工龄，工龄计算办法与公派留学人员相同。

9. 对学成回国工作的自费出国留学人员，凡获得学士以上学位者，其回国国际旅费，由国家或用人单位提供，其国内安家费由用人单位按不同情况给予补助。

10. 自费留学的毕业研究生，大学本科、专科毕业生，要求国家分配工作的，可于毕业前半年与我驻外使、领馆联系，办理有关登记手续，由国家教育委员会负责安排并分配工作；或在回国后向国家教育委员会登记，按同类公派留学人员分配办法及工资待遇的规定办理。

（二）自费出国留学人员护照的申领

自费留学人员属于因私出国，应办理因私普通护照，颁发护照机构是授权受理的各省、自治区、直辖市公安部门。属在校学生的由所在学校签署意见。具体办理手续时，必须备好如下材料：

1. 单位介绍信。
2. 户口薄或集体户口证明，写明本人出生地和出生年月日。
3. "经济担保"的复印件，并附译文（"经济担保"须经公证后方有效）。
4. 本人近期正面免冠光纸照片五张，并在照片背面用铅笔写上名字。
5. 填写《自费出国留学人员登记表》《本国公民出国申请表》。
6. 用人民币交纳护照费、签证费、手续费、邮费。

为了保证公民的出国申请能够及时得到批准，我国政府规定了公安机关在受理申请后必须在规定的时间内作出批准或者不批准的决定。目前规定的时限是：出国申请的批复一般不超过30天，偏僻和交通不便的地方最长也不超过60天。

第四节　大学生应征入伍

一、大学生应征入伍的重要意义

从2009年起，国防建设进入了新的历史阶段，为优化军队的兵员素质、知识结构，党中央、国务院和中央军委高瞻远瞩，作出了鼓励应届高校毕业生应征入伍的战略部署，揭开了我军现代化建设崭新的篇章。

征兵工作是国防和军队现代化建设的源头工程，是关系国家安全与稳定的一项重要工作，也是党中央、国务院和人民群众赋予各级政府的一项重要职责。随着形势的发展变化，特别是军队现代化建设的发展，每一年的征兵工作都有新的要求。面对复杂多变的国际形势和周边环境，面对传统和非传统安全威胁，我们必须增强国家安全意识，加强军队全面建设。因此，我们一定要充分认识新形下搞好征兵工作的重要性，从国家安全、国防和军队长远建设的高度，认真做好征兵工作，为维护祖国的安全统一和繁荣稳定作出我们应有的贡献。

新世纪新阶段，我军使命任务进一步拓展，中国特色军事变革加速推进，武器装备科技含量和现代化水平大幅提高，迫切需要建设一支高素质的军队。征集大学生应征入伍，是充分依托国民教育资源培养和引进专业技术人员、拓宽士官来源渠道、优化军队结构的实际步骤，是适应我军建设从机械化向信息化转变、缓解部队先进技术装备与人才短缺矛盾、提升部队战斗力水平的有效途径，对于建立强大国防、推进中国特色军事变革和实现军队现代化建设跨越式发展，具有十分重要的意义。

二、大学生应征入伍的条件

能够符合入伍的高校毕业生指中央部门和地方所属全日制公办普通高等学校、

民办普通高等学校和独立学院的全日制普通本专科生（含高职）和研究生。

（一）应征入伍的政治条件

主要审查应征大学生的年龄、户籍、政治面貌、宗教信仰、现实表现以及家庭主要成员和主要社会关系成员的政治情况等。征集服现役的大学生必须热爱中国共产党，热爱社会主义祖国，热爱人民军队，遵纪守法，品德优良，决心为抵抗侵略、保卫祖国、保卫人民的和平劳动而英勇奋斗。

（二）应征入伍的身体条件

应征入伍的大学生要身心健康、体魄强健。其中，有几项基本条件：

1.身高。男性160 cm以上，女性160 cm以上。

2.体重。男性不超过标准体重的＋20%、－10%；女性不超过标准体重的±15%；标准体重＝（身高－110）kg。个别体格条件较为优秀的应征男青年，体重可放宽至不超过标准体重的25%，不低于标准体重的15%。

3.视力。岗位视力标准，大学专科以上文化程度的大学生入伍，右眼裸眼视力放宽至4.6，左眼裸眼视力放宽至4.5。

4.内科。乙型肝炎表面抗原呈阴性。

5.应征入伍高校毕业生的年龄条件。高职（专科）毕业生当年为18～23岁，本科以上学历的可以放宽到当年24岁。

（三）应征入伍的预征时间

全国征兵工作在每年冬季进行。对普通高等学校应届高校毕业生实行预征制度，每年5～6月份，高校所在地兵役机关会同有关部门进入高校，开展预征工作，到毕业生离校为止。普通高等学校应届毕业生，离校前应在就读学校完成兵役登记和预征对象确定工作，持《应届毕业生预征对象登记表》在冬季征兵开始前到入学前户籍所在地县（市、区）征兵办公室报名应征，年底办理正式入伍手续。

三、应征入伍的优惠政策

为了鼓励高校毕业生应征入伍，国家对高校毕业生入伍服义务兵役的政策进行了完善，入伍大学生可享受以下五方面的优惠政策：

（一）优先征集

应届高校毕业生入伍时，享受优先报名应征，优先体检政审，优先审批定兵，优先安排使用。

（二）学费补偿

由政府补偿学费或代偿国家助学贷款，最高可达2.4万元；其家庭按规定享受军属待遇。

（三）选用培养

高校毕业生士兵可优先选取士官；符合条件的本科以上毕业生可选拔为军官；在报考军校方面，专科毕业生士兵可参加全军统一组织的本科层次招生考试，进入有关军队院校学习；高校毕业生士兵参加优秀士兵保送入学对象选拔，年龄放宽1岁，同等条件下优先。

（四）考试升学

高校毕业生士兵退役后，参加政法干警招录培养体制改革试点考试的，教育考试笔试成绩总分加10分；三年内参加硕士研究生考试初试总分加10分，立二等功及以上的，免试推荐入读硕士研究生；高职（专科）毕业生免试入读成人本科或经一定考核入读普通本科。

（五）就业服务

报考公务员、应聘事业单位职位的，在军队服现役经历视为基层工作经历，同等条件下应当优先录用或者聘用；按照国家规定发给退役金，由安置地的县级以上地方人民政府接收；退役后一年内可视同高校应届毕业生办理就业报到手续，户籍档案随迁。

四、大学生应征入伍的基本程序

（一）报名

每年5～6月，学生向所在学校武装部门或学生管理部门报名。

（二）体检及政审。每年5～6月，按照当地征兵办公室的统一安排，参加身体初检、政治初审。

（三）填写《应届毕业生预征对象登记表》

每年6月15日前，被确定为预征对象后，填写《应届毕业生预征对象登记表》（以下简称《登记表》）和《应征入伍高校毕业生补偿学费代偿国家助学贷款申请表》（以下简称《申请表》）。在校期间获得国家助学贷款的毕业生，提供与国家助学贷款经办银行签订的毕业后还款计划书复印件，一并交到学校。

（四）高确认

每年6月30日前，《登记表》和《申请表》经学校确认并加盖公章后，由预征对象本人保存。

（五）呈递登记表

每年10月31日前，预征对象到入学前户籍所在地报名应征，并将《登记表》和《申请表》交县（市、区）人民政府征兵办公室。

（六）批准入伍

12月31日前，预征对象经户籍所在地县（市、区）人民政府征兵办公室批准入伍后，收到《应征入伍通知书》。

（七）学费返还和贷款代偿

次年2月，学校将入伍毕业生补偿学费和代偿国家助学贷款款项汇至指定银行账户或贷款银行。

能力训练

1.就业访谈

大学生就业出路访谈

（1）活动目的：通过访谈，使学生了解不同人物的就业动机，感受就业动机和职业规划在就业过程中的重要作用。

（2）活动内容：以小组为单位进行就业出路访谈。具体操作步骤如下：

①3~5人一组，每组选出一个负责人。

②自行确定访谈对象2~3人。

③拟定访谈提纲，内容包括就业者的性格特征、教育背景、成长环境、就业动机、职业规划、就业备考的过程、克服困难的经历、就业成功的经验、就业心得等。

④访谈结束后，每组撰写一份访谈报告，分析他们的就业动机、职业规划、就业成功的因素及从他们身上获得的启发。

⑤将报告内容制作成PPT，在课堂上以小组为单位进行交流汇报，每组时间为10分钟。

2.探索训练

就业机会探索

（1）活动目的：培养学生发现创业机会的能力。

（2）背景资料：在移动互联时代，随着新模式、新机制、新平台的不断涌现，新生代大学生不再仅仅局限于传统的就业观念和渠道，在就业去向的选择上呈现出多元化、网络化和娱乐化等特点：自主创业、考研深造、出国留学、自由职业、线上微店、宅在家、间隔年、结婚成家等毕业的去向更多元；不管是就业、创业还是自由职业，互联网行业已经成为大学生就业的新高地；主播、网红、声优、化妆师、Coser、游戏测评师等成为大学生向往的新兴职业。

（3）活动内容：

仔细观察、认真思考，寻找身边的就业机会。具体操作步骤如下：3～5人一组，每组通过头脑风暴的方式，以书面形式把所想到的就业机会——列出。

建议：就业机会来源可考虑以下几个方面：

①个人生活经历；

②偶然的发现（日常生活中、旅行中……）；

③个人兴趣爱好；

④个人的家庭环境、家庭成员从事的职业及相关的行业背景等；

⑤国家政策导向；

⑥产业结构及技术的变革。

参考文献

[1] 尹华北.大学生职业规划与就业创业指导［M］.北京：中国人民大学出版社，2016

[2] 邓基泽.大学生职业生涯规划与就业创业指导［M］.北京：中国农业大学出版社，2016

[3] 邓华华.大学生职业生涯规划与就业创业指导［M］.北京：北京师范大学出版社，2015

[4] 张钱，李强，詹一览.大学生创新创业教育教程［M］.上海：上海交通大学出版社，2017

[5] 刘辉，李强，王秀艳.大学生创新创业教程［M］.上海：上海交通大学出版社，2017

[6] 张德山.大学生创业教育［M］.镇江：江苏大学出版社，2015

[7] 张德山.大学生创业教育案例分析［M］.镇江：江苏大学出版社，2015

[8] 章小莲.大学生就业与创业指导［M］.北京：航空工业出版社，2015.

[9] 杨建平，蒙秀琼.大学生就业与创业指导［M］.北京：航空工业出版社，2015

[10] 李贞.职业生涯规划与创业指导［M］.镇江：江苏大学出版社，2013

[11] 李家华.创业基础［M］.北京：北京师范大学出版社，2013

[12] 吴运迪.大学生创业指导［M］.北京：清华大学出版社，2012

[13] 张玉利.创业管理（第2版）［M］.北京：机械工业出版社，2011

[14] 李时椿，常建坤.创新与创业管理：过程·实践·技能［M］.南京：南京大学出版社，2011

[15] 李秋斌.大学生创业指导［M］.北京：北京大学出版社，2013